中国文化文学经典文丛

孟　子

【战国】孟子/著　木目/编著　孙建军/主编

吉林文史出版社

图书在版编目（CIP）数据

孟子 /（战国）孟子著 ; 木目编著.
长春 : 吉林文史出版社, 2016.12 (2022.1重印)

（中国文化文学经典文丛 / 孙建军主编）
ISBN 978-7-5472-3025-1

Ⅰ. ①孟… Ⅱ. ①孟… ②木… Ⅲ. ①儒家
Ⅳ. ①B222.51

中国版本图书馆CIP数据核字(2016)第134544号

书　　名：孟　子 MENGZI

著　　者：孟　子
主　　编：孙建军
编　　著：木　目
责任编辑：高冰若
责任校对：郝慧彤
封面设计：韩东坡
出版发行：吉林文史出版社
地　　址：长春市福祉大路5788号
邮　　编：130118
电　　话：0431-81629352
网　　址：www.jlws.com.cn
印　　刷：三河市燕春印务有限公司
开　　本：920mm×1280mm　1/16
印　　张：30.5
字　　数：380千字
版　　次：2017年1月第1版　2022年1月第3次印刷
书　　号：ISBN 978-7-5472-3025-1

定　　价：78.00元

目 录

公孙丑下

滕文公上

滕文公下

离娄上

离娄下

万章上

万章下

告子上

告子下

尽心上

尽心下

梁惠王上

第一章

【原文】

孟子见梁惠王[①]。王曰："叟[②]！不远千里而来，亦将有以利吾国乎？"

孟子对曰："王！何必曰利？亦[③]有仁义而已矣。王曰，'何以利吾国？'大夫曰，'何以利吾家？'士庶人[④]曰，'何以利吾身？'上下交征[⑤]利而国危矣。万乘之国，弑[⑥]其君者，必千乘之家；千乘之国，弑其君者，必百乘之家[⑦]。万取千焉，千取百焉，不为不多矣。苟[⑧]为后义而先利，不夺不餍[⑨]。未有仁而遗[⑩]其亲者也，未有义而后其君者也。王亦曰仁义而已矣，何必曰利？"

【注释】

①梁惠王：就是魏惠王（前400–前319），惠是他的谥号。公元前370年继他父亲魏武侯即位，即位后九年由旧都安邑（今山西夏县北）迁都大梁（今河南开封西北），所以又叫梁惠王。

②叟：老人。

③亦：这里是“只”的意思。

④士庶人：士和庶人。庶人即老百姓。

⑤交征：互相争夺。征，取。

⑥弑：下杀上，卑杀尊，臣杀君叫弑。

⑦万乘、千乘、百乘：古代用四匹马拉的一辆兵车叫一乘，诸侯国的大小以兵车的多少来衡量。据刘向《战国策·序》说，战国末期的万乘之国有韩、赵、魏（梁）、燕、齐、楚、秦七国，千乘之国有宋、卫、中山以及东周、西周。至于千乘、百乘之家的“家”，则是指拥有封邑的公卿大夫，公卿封邑

大，有兵车千乘；大夫封邑小，有兵车百乘。

⑧苟：如果。

⑨餍：满足。

⑩遗：遗弃，抛弃。

【译文】

孟子拜见梁惠王。梁惠王说：“老先生，你不远千里而来，一定是有什么对我的国家有利的高见吧？”

孟子回答说：“大王！何必说有利呢？只要有仁义就行了。大王说，‘怎样使我的国家有利？’大夫说，‘怎样使我的家庭有利？’一般人士和老百姓说，‘怎样使我自己有利？’结果是上上下下互相争夺利益，国家就危险了啊！在一个拥有一万辆兵车的国家里，杀害它国君的人，一定是拥有一千辆兵车的大夫；在一个拥有一千辆兵车的国家里，杀害它国君的人，一定是拥有一百辆兵车的大夫。这些大夫在一万辆兵车的国家中就拥有一千辆，在一千辆兵车的国家中就拥有一百辆，他们的拥有不算不多。可是，如果把义放在后而把利摆在前，他们不夺得国君的地位是永远不会满足的。反过来说，从来没有讲“仁”的人却抛弃父母，从来也没有讲“义”的人却不顾君王。所以，大王只说仁义就行了，何必说利呢？”

第二章

【原文】

孟子见梁惠王。王立于沼上，顾鸿雁麋鹿，曰："贤者亦乐此乎？"

孟子对曰："贤者而后乐此，不贤者，虽有此不乐也。《诗》云[①]：'经始灵台[②]，经之营之。庶民攻[③]之，不日[④]成之。经史勿亟[⑤]，庶民子来[⑥]。王在灵囿[⑦]，麀鹿攸伏[⑧]。麀鹿濯濯[⑨]，白鸟鹤鹤[⑩]。王在灵沼[⑪]，於牣[⑫]鱼跃。'文王以民力为台为沼，而民欢乐之，谓其台曰灵台，谓其沼曰灵沼，乐其有麋鹿鱼鳖。古之人与民偕乐，故能乐也。《汤誓》[⑬]曰：'时日害丧[⑭]，予及女[⑮]偕亡！'民欲与之偕亡，虽有台池鸟兽，岂能独乐哉？"

【注释】

①《诗》云：下面所引的是《诗经·大雅·灵台》，全诗共四章，文中引的是前两章。

②经始：开始规划营造；灵台，台名，故址在今陕西西安西北。

③攻：建造。

④不日：不几天。

⑤亟：急。

⑥庶民子来：老百姓像儿子似的来修建灵台。

⑦囿：古代帝王畜养禽兽的园林。

⑧麀鹿：母鹿；攸：同“所”。

⑨濯濯：肥胖而光滑的样子。

⑩鹤鹤：羽毛洁白的样子。

⑪灵沼：池名。

⑫於：赞叹词；轫，满。

⑬《汤誓》：《尚书》中的一篇，记载商汤王讨

伐夏桀时的誓师词。

⑭时日害丧：这太阳什么时候毁灭呢？时，这；日，太阳；害，何，何时；丧，毁灭。

⑮予及女：我和你。女同“汝”，你。

【译文】

孟子拜见梁惠王。梁惠王站在池塘边上，一面盼着鸿雁麋鹿等飞禽走兽，一面说：“贤人也以此为乐吗？”

孟子回答说：“正因为是贤人才能够以此为乐，不贤的人就算有这些东西，也不能够快乐的。《诗经》说：‘开始规划造灵台，仔细营造巧安排。天下百姓都来干，几天建成速度快。建台本来不着急，百姓起劲自动来，国王游览灵园中，母鹿伏在深草丛。母鹿肥大毛色润，白鸟洁净羽毛丰。国王游览到灵沼，满池鱼儿欢跳跃。’周文王虽然用了老百姓的劳力来修建高台深池，可是老百姓非常高兴，把那个台叫作‘灵台’，把那个池叫作‘灵沼’，以那里面有麋鹿鱼鳖等珍禽异兽为快乐。古代的君王与民同乐，所以能真正快乐。相反，《汤誓》说：‘你这太阳啊，什么时候毁灭呢？我宁肯与你一起毁灭！’老百姓恨不得与他同归于尽，即使你有高台深池、珍禽异兽，难道能独自享受快乐吗？”

第三章

【原文】

梁惠王曰："寡人愿安[①]承教。"

孟子对曰："杀人以梃[②]与刃，有以异乎？"

曰："无以异也。"

"以刃与政，有以异乎？"

曰："无以异也。"

曰："庖[③]有肥肉，厩[④]有肥马，民有饥色，野有饿莩。此率兽而食人也。兽相食，且人恶[⑤]之；为民父母，行政，不免于率兽而食人，恶[⑥]在其为民父母也？仲尼曰：'始作俑者[⑦]，其无后乎！'为其象[⑧]人而用之也。如之何其使斯民饥而死也？"

【注释】

①安：乐意。

②梃：木棒。

③庖：厨房。

④厩：马栏。

⑤且人恶之：按现在的词序，应是“人且恶之”。且，尚且。

⑥恶：疑问副词，何，怎么。

⑦俑：古代陪葬用的土偶、木偶。在用土偶、木偶陪葬之前，经历了一个用草人陪葬的阶段。草人只是略略像人形，而土偶、木偶却做得非常像活人。所以孔子深恶痛绝最初采用土偶、木偶陪葬的人。“始作俑者”就是指这最初采用土偶、木偶陪葬的人。后来这句话成为成语，指首开恶例的人。

⑧象：同“像”。

【译文】

梁惠王说："我很乐意听您的指教。"

孟子回答说："用木棒打死人和用刀子杀死人有什么不同吗？"

梁惠王说："没有什么不同。"

孟子又问："用刀子杀死人和用政治害死人有什么不同吗？"

梁惠王回答："没有什么不同。"

孟子于是说："厨房里有肥嫩的肉，马房里有健壮的马，可是老百姓面带饥色，野外躺着饿死的人。这等于上位的人领着野兽吃人啊！野兽自相残杀，人尚且厌恶它；作为老百姓的父母官，施行政治，却不免于领野兽来吃人，那又怎么能够做老百姓的父母官呢？孔子说：'最初采用土偶木偶陪葬的人，该是会断子绝孙吧！'这不过是因为土偶木偶太像活人而用来陪葬罢了。又怎么能让老百姓活活地被饿死呢？"

第四章

【原文】

梁惠王曰："晋国[①]，天下莫强[②]焉，叟之所知也。及寡人之身，东败于齐，长子死焉[③]；西丧地于秦七百里[④]；南辱于楚[⑤]。寡人耻之，愿比死者壹洒之[⑥]，如之何则可？"

孟子对曰："地方百里[⑦]而可以王。王如施仁政于民，省刑罚，薄税敛，深耕易耨[⑧]；壮者以暇日修其孝悌忠信，入以事其父兄，出以事其长上。可使制梃以挞秦、楚之坚甲利兵矣。

"彼夺其民时，使不得耕耨以养其父母。父母冻饿，兄弟妻子离散，彼陷溺其民，王往而征之，夫谁与王敌？故曰：'仁者无敌。'王请勿疑！"

【注释】

①晋国：韩、赵、魏三家分晋，被周天子和各国承认为诸侯国，称三家为三晋，所以，梁（魏）惠王自称魏国也为晋国。

②莫强：没有比它更强的。

③东败于齐，长子死焉：公元前341年，魏与齐战于马陵，兵败，主将庞涓被杀，太子申被俘。

④西丧地于秦七百里：马陵之战后，魏国国势渐衰，秦屡败魏国，迫使魏国献出河西之地和上郡的十五个县，约七百里地。

⑤南辱于楚：公元前324年，魏又被楚将昭阳击败于襄陵，魏国失去八邑。

⑥比：替，为；一：全，都；洒：洗刷。全句说，希望为全体死难者报仇雪恨。

⑦地方百里：方圆百里的土地。

⑧易耨：及时除草。易，疾，速，快；耨，除草。

【译文】

惠王说："魏国曾一度在天下没有比它更强的，这是老先生您知道的。可是到了我这时候，东边被齐国打败，连我的大儿子都死掉了；西边丧失了七百里土地给秦国；南边又受楚国的侮辱。我为这些事感到非常羞耻，希望替所有的死难者报仇雪恨，我要怎样做才行呢？"

孟子回答说："只要有方圆一百里的土地就可以使天下归服。大王如果对老百姓施行仁政，减免刑罚，少收赋税，深耕细作，及时除草；让身强力壮的人抽出时间修养孝顺、尊敬、忠诚、守信的品德，在家侍奉父母兄长，出门尊敬长辈上级，这样就是让他们用制作的木棒也可以打击那些拥有坚实盔甲锐利刀枪的秦楚军队了。

"因为那些秦国、楚国的执政者剥夺了他们老百姓的生产时间，使他们不能够深耕细作来赡养父母。

父母受冻挨饿，兄弟妻子各奔东西。他们使老百姓陷入深渊之中，大王去征伐他们，有谁来和您抵抗呢？所以说：‘施行仁政的人是无敌于天下的。’大王请不要顾虑！”

第五章

【原文】

孟子见梁襄工[1]。出，语[2]人口：“望之不似人君，就之而不见所畏焉。卒然[3]问曰：‘天下恶乎定？’

“吾对曰：‘定于一。’

“‘孰能一之？’

“对曰：‘不嗜杀人者能一之。’

“‘孰能与[4]之？’

“对曰：‘天下莫不与也。王知夫苗乎？七八月之间旱，则苗槁矣。天油然作云，沛然下雨，则苗浡然[5]兴之矣。其如是，孰能御之？今夫天下之人牧[6]，未有不嗜杀人者也。如有不嗜杀人者，则天下之民皆引领而望之矣。诚如是也，民归之，由[7]水之就下，沛然谁能御之？’”

【注释】

①梁襄王：梁惠王的儿子，名嗣，公元前318年至公元前296年在位。

②语：动词，告诉。

③卒然：突然。卒同“猝”。

④与：从，跟。七八月：这里指周代的历法，相当于夏历的五六月，正是禾苗需要雨水的时候。

⑤浡然：兴起的样子。渤然兴之即蓬勃地兴起。

⑥人牧：治理人民的人，指国君。“牧”由牧牛、牧羊的意义引申过来。

⑦由：同“犹”，好像，如同。

【译文】

孟子见了梁惠王，出来以后告诉人说：“远看不像个国君，到了他跟前也看不出威严的样子。突然问我：‘天下要怎样才能安定？’

“我回答说：‘天下统一才会安定。’

“他又问：‘谁能统一天下呢？’

“我又答：‘不喜欢杀人的国君能统一天下。’

“他又问：‘有谁愿意跟随不喜欢杀人的国君呢？’

“我又答：‘天下的人没有不愿意跟随他的。大王知道禾苗的情况吗？当七八月间天旱的时候，禾苗就干枯了。一旦天上乌云密布，下起大雨来，禾苗便会蓬勃生长。这样的情况，谁能够阻挡得住呢？如今各国的国君，没有一个不喜欢杀人的。如果有一个不喜欢杀人的国君，那么，天下的老百姓都会伸长脖子期待着他来解救了。果真如此，老百姓归服他，就像雨水向下奔流一样，那水势谁能阻挡得住？’”

第六章

【原文】

王曰："吾惛[①]，不能进于是矣。愿夫子辅吾志，明以教我，我虽不敏，请尝试之。"

曰："无恒产[②]而有恒心者，惟士为能。若[③]民，则无恒产，因无恒心。苟无恒心，放辟邪侈[④]，无不为已。及陷于罪，然后从而刑之，是罔民[⑤]也。焉有仁人在位罔民而可为也？是故明君制[⑥]民之产，必使仰足以事父母，俯足以畜妻子；乐岁终身饱，凶年免于死亡。然后驱而之善，故民之从之也轻[⑦]。

"今也制民之产，仰不足以事父母，俯不足以畜妻子；乐岁终身苦，凶年不免于死亡。此惟救死而恐不赡[⑧]，奚暇[⑨]治礼仪哉？

"王欲行之，则盍反其本矣。五亩之宅，树之以桑，五十者可以衣帛矣。鸡豚狗彘之畜，无失其时，七十者可以食肉矣。百亩之田，勿夺其时，八口之家可以无饥矣。谨庠序之教，申之以孝悌之义，颁白者不负戴于道路矣。老者衣帛食肉，黎民不饥不寒，然而不王者，未之有也。”

【注释】

①惛：同“昏”，昏乱，糊涂。

②恒产：可以赖以维持生活的固定财产。如土地、田园、林木、牧畜等。

③若：转折连词，至于。

④放：放荡。辟：同“僻”与“邪”的意思相近，均指歪门邪道。侈：放纵挥霍。放辟邪侈指放纵邪欲违法乱纪。

⑤罔：同“网”，有“陷害”的意思。

⑥制：订立制度、政策。

⑦轻：轻松，容易。

⑧赡：足够，充足。

⑨奚暇：怎么顾得上。奚，疑问词，怎么，哪有。暇，余暇，空闲。

【译文】

齐宣王说："我头脑昏乱，对您的说法不能作进一步的领会。希望先生开导我的心志，更明确地教我。我虽然不聪明，也不妨试它一试。"

孟子说："没有固定的产业收入却有固定的道德观念，只有读书人才能做到，至于一般老百姓，如果没有固定的产业收入，也就没有固定的道德观念。一旦没有固定的道德观念，那就会胡作非为，什么事都做得出来。等到他们犯了罪，然后才去加以处罚，这等于是陷害他们。哪里有仁慈的人在位执政却去陷害百姓的呢？所以，贤明的国君制定产业政策，一定要让他们上足以赡养父母，下足以抚养妻子儿女；好年景丰衣足食，坏年景也不致饿死。然后督促他们走善良的道路，老百姓也就很容易听从了。

"现在各国的国君制定老百姓的产业政策，上不足以赡养父母，下不足以抚养妻子儿女；好年景尚且艰难困苦，坏年景更是性命难保。到了这个地步，老百姓连保命都恐怕来不及，哪里还有什么工夫来修养礼仪呢？

“大王如果想施行仁政，为什么不从根本上着手呢？在五亩大的宅园中种上桑树，五十岁以上的老人都可以穿上丝帛衣服了。鸡狗猪等家禽家畜好好养起来，七十岁以上的老人都可以有肉吃了。百亩的耕地，不要去妨碍他们的生产，八口人的家庭都可以吃得饱饱的了。认真地兴办学校，用孝顺父母尊敬兄长的道理反复教导学生，头发斑白的人也就不会在路上负重行走了。老年人有丝帛衣服穿，有肉吃，一般老百姓吃得饱，穿得暖，这样还不能使天下归服，是从来没有过的。”

第七章

【原文】

齐宣王[①]问曰：“齐桓、晋文[②]之事可得闻乎？”

孟子对曰：“仲尼之徒无道桓文之事者，是以后世无传焉。臣未之闻也。无以[③]，则王乎？”

曰：“德何如则可以王矣？”

曰：“保民而王，莫之能御也。”

曰：“若寡人者，可以保民乎哉？”

曰：“可。”

曰：“何由知吾可也？”

曰：“臣闻之胡龁[④]曰，王坐于堂上，有牵牛而过堂下者，王见之，曰：‘牛何之[⑤]？’

对曰：‘将以衅钟[⑥]。’王曰：‘舍之！吾不忍其觳觫[⑦]，若无罪而就死地。’对曰：‘然则废衅钟与？’曰：‘何可废也？以羊易之！’——不识有诸？”

曰：“有之。”

曰：“是心足以王矣。百姓皆以王为爱[8]也，臣固知王之不忍也。”

王曰：“然。诚有百姓者。齐国虽褊[9]小，吾何爱一牛？即不忍其觳觫，若无罪而就死地，故以羊易之也。”

曰：“王无异[10]于百姓之以王为爱也。以小易大，彼恶知之？王若隐[11]其无罪而就死地，则牛羊何择焉？”王笑曰：“是诚何心哉？我非爱其财，而易之以羊也，宜乎百姓之谓我爱也。”

曰：“无伤[12]也，是乃仁术也，见牛未见羊也。君子之于禽兽也，见其生，不忍见其死；闻其声，不忍食其肉。是以君子远庖厨[13]也。”

【注释】

①齐宣王：姓田，名辟疆。齐威王的儿子，齐湣王的父亲，约公元前319年至301年在位。

②齐桓、晋文：指齐桓公、晋文公。齐桓公，春秋时齐国国君，姓姜，名小白。公元前685年至前643年在位，是春秋时第一个霸主。晋文公，春秋时晋国国君，姓姬，名重耳，公元前636至前628年在位，也是“春秋五霸”之一。

③无以：不得已，以同“已”。

④胡龁：人名，齐宣王身边的近臣。

⑤之：动词，去，往。

⑥衅钟：新钟铸成，杀牲取血涂抹钟的孔隙，用来祭祀。按照古代礼仪，凡是国家某件新器物或宗庙开始使用时，都要杀牲取血加以祭祀。

⑦觳觫：因恐惧而战栗的样子。

⑧爱：吝啬。

⑨褊：狭小。

⑩异：动词，奇怪，疑怪，责怪。

⑪隐：疼爱，可怜。

⑫无伤：没有关系，不要紧。

⑬庖厨：厨房。

【译文】

齐宣王问道："齐桓公、晋文公在春秋时代称霸的事情，您可以讲给我听听吗？"

孟子回答说："孔子的学生没有谈论齐桓公、晋文公称霸之事的，所以没有传到后代，我也没有听说过。大王如果一定要我说。那我就说说用道德来统一天下的王道吧？"

宣王问："道德怎么样就可以统一天下了呢？"

孟子说："一切为了让老百姓安居乐业。这样去统一天下，就没有谁能够阻挡了。"

宣王说："像我这样的人能够让老百姓安居乐业吗？"

孟子说："能够。"宣王说："凭什么知道我能够呢？"

孟子说："我曾经听胡龁告诉过我一件事，说是大王您有一天坐在大殿上有人牵着牛从殿下走过，您看到了，便问：'把牛牵到哪里去？'牵牛的人回答：'准备杀了取血祭钟。'您便说：'放了它吧！我不忍心看到它那害怕得发抖的样子，就像毫无罪过却被处死刑一样。'牵牛的人问：'那就不祭钟了吗？'您说：'怎么可以不祭钟呢？用羊来代替牛吧！'不知道有没有这件事？"

宣王说："是有这件事。"

孟子说："凭大王您有这样的仁心就可以统一天下了。老百姓听说这件事后都认为您是吝啬，我却知道您不是吝啬，而是因为不忍心。"

宣王说："是，确实有的老百姓这样认为。不过，我们齐国虽然不大，但我怎么会吝啬到舍不得一头牛的程度呢？我实在是不忍心看到它害怕得发抖的样子，就像毫无罪过却被判处死刑一样，所以用羊来代替它。”

孟子说：“大王也不要责怪老百姓认为您吝啬。他们只看到您用小的羊去代替大的牛，哪里知道其中的深意呢？何况，大王如果可怜它毫无罪过却被宰杀，那牛和羊又有什么区别呢？”

宣王笑着说：“是啊，这一点连我自己也不知道到底是一种什么心理了。我的确不是吝啬钱财才用羊去代替牛的，不过，老百姓这样认为，的确也有他们的道理啊。”

孟子说：“没有关系。大王这种不忍心正是仁慈的表现，只因为您当时亲眼见到了牛而没有见到羊。君子对于飞禽走兽，见到它们活着，便不忍心见到它们死去；听到它们哀叫，便不忍心吃它们的肉。所以，君子总是远离厨房。”

第八章

【原文】

王说[①]，曰："《诗》云[②]：'他人有心，予忖度[③]之。'夫子之谓也。夫我乃行之，反而求之，不得吾心。夫子言之，于我心有戚戚[④]焉。此心之所以合于王者，何也？"

曰："有复于王者曰：'吾力足以举百钧[⑤]，而不足以举一羽；明足以察秋毫之末[⑥]，而不见舆薪[⑦]。'则王许[⑧]之乎？"

曰："否。"

"今恩足以及禽兽，而功不至于百姓者，独何与？然则一羽之不举，为不用力焉；舆薪之不见，为不用明焉，百姓之不见保，为不用恩焉。故王之不王，不为也，非不能也。"

曰："不为者与不能者之形[⑨]何以异？"曰："挟太山以超北海[⑩]，语人曰：'我不能。'是诚不能也。为长者折枝，语人曰：'我不能。'是不为也，非不能也。故王之不王，非挟太山以超北海之类也；王之不王，是折枝之类也。”

“老吾老，以及人之老；幼吾幼，以及人之幼[11]。天下可运于掌[12]。《诗》云[13]：‘刑于寡妻[14]，至于兄弟，以御[15]于家邦。’言举斯心加诸彼而已。故推恩足以保四海，不推恩无以保妻子。古之人所以大过人者无他焉，善推其所为而已矣。今恩足以及禽兽，而功不至于百姓者，独何与？”

“权[16]，然后知轻重；度，然后知长短。物皆然，心为甚。王请度之！抑[17]王兴甲兵，危士臣，构怨[18]于诸侯，然后快于心与？”

王曰：“否。吾何快于是？将以求吾所大欲也。”

【注释】

①说：同“悦”。

②《诗》云：引自《诗经·小雅·巧言》。

③忖度：猜测，揣想。

④戚戚：心有所动的感觉。

⑤钧：古代重量单位，三十斤为一钧。

⑥秋毫之末：指细微难见的东西。

⑦舆：车子。薪：木柴。

⑧许：赞许，同意。

⑨形：情况，状况。

⑩太山：泰山。北海：渤海。

⑪老吾老幼吾幼：第一个“老”和“幼”都作动词用，老：尊敬；幼：爱护。

⑫运于掌：在手心里运转，比喻治理天下很容易。

⑬《诗》云：以下三句引自《诗经·大雅·思齐》。

⑭刑：同“型”，指树立榜样，做示范。寡妻：国君的正妻。

⑮御：治理。

⑯权：本指秤锤，这里用作动词，指称物。

⑰抑：选择连词，相当于现代汉语的“还是”。

⑱构怨：结怨，构成仇恨。

【译文】

齐宣王很高兴地说：“《诗经》说：‘别人有什么心思，我能揣测出。’这就是说的先生您吧。我自己这样做了，反过来想想为什么要这样做，却说不出所以然来。倒是您老人家这么一说，我的心便豁然开朗了。但您说我的这种心态与用道德统一天下的王道相合又怎么理解呢？”

孟子说：“假如有人来向大王报告说：‘我的力量能够举得起三千斤，却拿不起一根羽毛；视力能够看得清秋天毫毛的末端，却看不见摆在眼前的一车柴草。’大王您会相信他的话吗？”

宣王说："当然不会相信。"

孟子便接着说："如今大王您的恩惠能够施及动物，却偏偏不能够施及老百姓，是为什么呢？一根羽毛拿不起，是不愿意用力气拿的缘故；一车柴草看不见，是不愿意用眼睛看的缘故；老百姓不能安居乐业，是君王不愿意施恩惠的缘故。所以大王您没有能够用道德来统一天下，是不愿意做，而不是做不到。"

宣王说："不愿意做和做不到有什么区别呢？"

孟子说："要一个人把泰山夹在胳膊下跳过北海，这人告诉别人说：'我做不到。'这是真的做不到。要一个人为老年人折一根树枝，这人告诉别人说：'我做不到。'这是不愿意做，而不是做不到。大王您没有做到用道德来统一天下，不是属于把泰山夹在胳膊下跳过北海的一类，而是属于为老年人折树枝的一类。

"尊敬自己的老人，并由此推广到尊敬别人的老人；爱护自己的孩子，并由此推广到爱护别人的孩子。做到了这一点，整个天下便会像在自己的手掌心里运转一样容易治理了。《诗经》说：‘先给妻子做榜样，再推广到兄弟，再推广到家族和国家。’说的就是要把自己的心推广到别人身上去。所以，推广恩德足以安定天下，不推广恩德连自己的妻子儿女都保不了。古代的圣贤之所以能远远超过一般人，没有别的什么，不过是善于推广他们的好行为罢了。如今大王您的恩惠能够施及动物，却不能够施及老百姓，偏偏是为什么呢？

“称一称才知道轻重，量一量才知道长短，什么东西都是如此，人心更是这样。大王您请考虑考虑吧！难道真要发动全国军队，使将士冒着生命危险，去和别的国家结下仇怨，这样您的心里才痛快吗？”

宣王说：“不，我为什么这样做心里才痛快呢？我只不过想实现我心里的最大愿望啊。”

第九章

【原文】

口：“工之所大欲，可得闻与？”

王笑而不言。

曰：“为肥甘不足于口与？轻暖不足于体与？抑为采色[1]不足视于目与？声音不足听于耳与？便嬖[2]不足使令于前与？王之诸臣皆足以供之，而王岂为是哉？”

曰：“否。吾不为是也。”

曰：“然则王之所大欲可知已。欲辟[3]土地，朝[4]秦、楚，莅[5]中国而抚四夷也。以若所为求若所欲[6]，犹缘木而求鱼也。”

王曰：“若是其甚与？”

曰：“殆[7]有甚焉。缘木求鱼，虽不得鱼，无后灾。以若所为求若所欲，尽心力而为之，后必有灾。”

曰："可得闻与？"

曰："邹[8]人与楚[9]人战，则王以为孰胜？"

曰："楚人胜。"

曰："然则小固不可以敌大，寡固不可以敌众，弱固不可以敌强。海内之地方千里者九，齐集有其一。以一服八，何以异于邹敌楚哉？盖[10]亦反其本矣。

"今王发政施仁，使天下仕者皆欲立于王之朝，耕者皆欲耕于王之野，商贾皆欲藏于王之市，行旅皆欲出于王之涂[11]，天下之欲疾其君者，皆欲赴愬[12]于王。其若是，孰能御之？"

【注释】

①采色：即彩色。

②便嬖：君王左右被宠爱的人。

③辟：开辟。

④朝：使动用法，使……来朝。

⑤莅：临。

⑥若：人称代词，你。

⑦殆：副词，表示不肯定，有“大概”“几乎”“可能”等多种含义。

⑧邹：国名，就是当时的邾国，国土很少，首都在今山东邹县东南的邾城。

⑨楚：即楚国，春秋和战国时期都是大国。

⑩盖：同“盍”“何不”的合音字，为什么不。

⑪涂：同“途”。

⑫愬：通“诉”，控告。

【译文】

孟子说："大王的最大愿望是什么呢？可以讲给我听听吗？"

齐宣王笑了笑，却不说话。

孟子便说："是为了肥美的食物不够吃吗？是为了轻暖的衣服不够穿吗？还是为了艳丽的色彩不够看呢？是为了美妙的音乐不够听吗？还是为了身边伺候的人不够使唤呢？这些，您手下的大臣都能够尽量给您提供，难道您还真是为了这些吗？"

宣王说："不，我不是为了这些。"

孟子说："那么，您的最大愿望便可以知道了，您是想要扩张国土，使秦、楚这些大国都来朝贡您，自己君临天下，安抚四方落后的民族。不过，以您现在的做法来实现您现在的愿望，就好像爬到树上去捉鱼一样。"

宣王说："竟然有这样严重吗？"

孟子说："恐怕比这还要严重。爬上树去捉鱼，虽然捉不到鱼，却也没有什么后患。以您现在的做法来实现您现在的愿望，费劲心力去干，一定会有灾祸在后头。”

宣王说：“可以把道理说给我听听吗？”

孟子说：“假定邹国和楚国打仗，大王认为哪一国会打胜呢？”

宣王说：“当然是楚国胜。”

孟子说：“显然，小国的确不可以与大国为敌，人口很少的国家的确不可以与人口众多的国家为敌，弱国的确不可以与强国为敌。中国的土地，方圆千里的共有九块，齐国不过占有其中一块罢了。想用这一块去征服其他八块，这跟邹国和楚国打仗有什么区别呢？大王为什么不回过头来好好想一想，从根本上着手呢？”

“现在大王如果能施行仁政，使天下做官的人都想到您的朝廷上来做官，天下的农民都想到您的国家来种地，天下做生意的人都想到您的国家来做生意，天下旅行的人都想到您的国家来旅行，天下痛恨本国国君的人都想到您这儿来控诉。果真做到了这些，还有谁能够与您为敌呢？”

梁惠王下

第一章

【原文】

齐宣王问曰："交邻国有道乎？"

孟子对曰："有。惟仁者为能以大事小，是故汤事葛[①]，文王事昆夷[②]；惟智者为能以小事大，故太王事獯鬻[③]，勾践事吴[④]。以大事小者，乐天者也；以小事大者，畏天者也。乐天者保天下，畏天者保其国。《诗》云：'畏天之威，于时保之[⑤]。'"

王曰："大哉言矣！寡人有疾，寡人好勇。"

对曰："王请无好小勇。夫抚剑疾视，曰：'彼恶敢当我哉！'此匹夫之勇，敌一人者也。王请大之！

"《诗》云[⑥]：'王赫斯[⑦]怒，爰[⑧]整其旅，以遏徂莒[⑨]，以笃周祜[⑩]，以对于天下。'此文王之勇也。文王一怒而安天下之民。

“《书》曰[11]：‘天降下民，作之君，作之师。惟曰其助上帝宠之。四方有罪无罪惟我在，天下曷敢有越厥[12]志？’一人衡行[13]于天下，武王耻之。此武王之勇也。而武王亦一怒而安天下之民。今王亦一怒而安天下之民，民惟恐王之不好勇也。”

【注释】

①汤事葛：汤，商汤，商朝的创建人。葛，葛伯，葛国的国君。葛国是商紧邻的小国，故城在今河南宁陵北十五里处。

②文王事昆夷：文王，周文王。昆夷，也写作“混夷”，周朝初年的西戎国名。

③太王事獯鬻：太王，周文王的祖父，即古公父。獯鬻又称猃狁，当时北方的少数民族。

④勾践：春秋时越国国君（公元前497年至前465年在位）。吴：指春秋时吴国国君夫差。

⑤畏天之威，于时保之：引自《诗经·周颂·我将》。

⑥《诗》云：以下诗句引自《诗经·大雅·皇矣》。

⑦赫斯：发怒的样子。

⑧爰：语首助词，无义。

⑨遏：止；徂：往，到。莒：古国名，在今山东莒县，公元前431年被楚国消灭。

⑩笃：厚；祜：福。

⑪《书》曰：《书》，《尚书》，以下引文见伪《古文尚书·周书·泰誓》。

⑫厥：用法同“其”。

⑬衡行：即“横行”。

【译文】

齐宣王问道：“和邻国交往有什么讲究吗？”

孟子回答说：“有。只有有仁德的人才能够以大国的身份侍奉小国，所以商汤侍奉大国，周文王侍奉昆夷。只有有智慧的人才能够以小国的身份侍奉大国，所以周太王侍奉獯鬻，越王勾践侍奉吴王夫差。以大国身份侍奉小国的，是以天命为乐的人；以小国身份侍奉大国的，是敬畏天命的人。以天命为乐的人安定天下，敬畏天命的人安定自己的国家。《诗经》说：‘敬畏上天的威严，因此才能够安定。’”

宣王说："先生的话可真高深呀！不过，我有个毛病，就是逞强好勇。"

孟子说："那就请大王不要好小勇。有的人动辄按剑瞪眼说：'他怎么敢阻挡我呢？'这其实只是匹夫之勇，只能与个把人较量。大王请不要喜好这样的匹夫之勇！

"《诗经》说：'文王义愤激昂，发令调兵遣将，把侵略莒国的敌军阻挡，增添了周国的吉祥，不辜负天下百姓的期望。'这是周文王的勇。周文王一怒便使天下百姓都得到安定。

"《尚书》说：'上天降生了老百姓，又替他们降生了君王，降生了师表，这些君王和师表的唯一责任，就是帮助上帝来爱护老百姓。所以，天下四方的有罪者和无罪者，都由我来负责，普天之下，何人敢超越上帝的意志呢？'所以，只要有一人在天下横行霸道，周武王便感到羞耻。这是周武王的勇。周武王也是一怒便使天下百姓都得到安定。如今大王如果也做到一怒便使天下百姓都得到安定，那么，老百姓就会唯恐大王不喜好勇了啊。"

第二章

【原文】

齐宣王见孟子于雪宫[①]。王曰："贤者亦有此乐乎？"

孟子对曰："有。人不得，则非[②]其上矣。不得而非其上者，非[③]也；为民上而不与民同乐者，亦非也。乐民之乐者，民亦乐其乐；忧民之忧者，民亦忧其忧。乐以天下，忧以天下，然而不王者，未之有也。

"昔者齐景公[④]问于晏子[⑤]曰：'吾欲观于转附、朝儛[⑥]，遵海而南，放于琅邪[⑦]。吾何修而可以比于先王观也？'

"晏子对曰：'善哉问也！天子适诸侯曰巡狩。巡狩者，巡所守也。诸侯朝于天子曰述职。述职者，述所职也。无非事者。春省耕而补不足，秋省敛而助不给。夏谚曰：吾王不游，吾何以休？吾王不豫[⑧]，吾何以助？一游一豫，为诸侯度。今也不然：师行而粮食，饥者弗食，劳者弗息。睊睊胥谗[⑨]，民乃作慝[10]。方命[11]虐民，饮食若流。流连荒亡，为诸侯忧。从流下而忘反，谓之流：从流上而忘反，谓之连：从兽无厌谓之荒；乐酒无厌谓之亡。先王无流连之乐，荒亡之行。惟君所行也。'

"景公悦，大戒[12]于国，出舍于郊。于是始兴发补不足。召大师[13]曰：'为我作君臣相说之乐！'盖《徵招》《角招》[14]是也。其诗曰：'畜君何尤[15]？'畜君者，好君也。"

【注释】

①雪宫：齐宣王的离宫（古代帝王在正宫以外临时居住的宫室，相当于当今的别墅之类）。

②非：动词，认为非……即非难，埋怨。

③非：不对，错误。

④齐景公：春秋时代齐国国君，公元前547年至前490年在位。

⑤晏子：春秋时齐国贤相，名婴，《晏子春秋》一书记载了他的事迹和学说。

⑥转附、朝儛：均为山名

⑦琅邪：山名，在今山东省诸城东南。

⑧豫：义同“游”。

⑨睊睊：因愤恨侧目而视的样子；

⑩胥：皆，都；谗：毁谤，说坏话。慝：恶。

⑪方命：违反命令。方，反，违反。

⑫大戒：充分的准备。

⑬大师：读为“太师”，古代的乐官。

⑭《徵招》《角招》：与角是古代五音（宫、商、角、徵、羽）中的两个，招同“韶”，乐曲名。

⑮畜：爱好，喜爱。尤：错误，过失。

【译文】

齐宣王在雪宫里接见孟子。宣王说：“贤人也有在这样的雪宫里居住游玩的快乐吗？”

孟子回答说：“有。人们要是得不到这种快乐，就会埋怨他们的国君。得不到这种快乐就埋怨国君是不对的；可是作为老百姓的领导人而不与民同乐也是不对的。国君以老百姓的忧愁为忧愁，老百姓也会以国君的忧愁为忧愁。以天下人的快乐为快乐，以天下人的忧愁为忧愁，这样还不能够使天下归服，是没有过的。

“从前齐景公问晏子说：‘我想到转附、朝儛两座山去观光游览，然后沿着海岸向南行，一直到琅邪。我该怎样做才能够和古代圣贤君王的巡游相比呢？’

“晏子回答说：‘问得好呀！天子到诸侯国家去叫作巡狩。巡狩就是巡视各诸侯所守疆土的意思。诸侯去朝见天子叫述职。述职就是报告在他职责内的工作的意思。没有不和工作有关系的。春天里巡视耕种情况，对粮食不够吃的给予补助；秋天里巡视收获情况，对歉收的给予补助。夏朝的谚语说：“我王不出来游历，我怎么能得到休息？我王不出来巡视，我怎么能得到赏赐？一游历一巡视，足以作为诸侯的法度。”现在可不是这样了，国君一出游就兴师动众，索取粮食。饥饿的人得不到粮食补助，劳苦的人得不到休息。大家侧目而视，怨声载道，违法乱纪的事情也就做出来了。这种出游违背天意，虐待百姓，大吃大喝如同流水一样浪费。真是流连荒亡，连诸侯们都为此而忧虑。什么叫流连荒亡呢？从上游向下游的游玩乐而忘返叫作流；从下游向上游的游玩乐而忘返叫作连；打猎不知厌倦叫作荒；嗜酒不加节制叫作亡。古代圣贤君王既无流连的享乐，也无荒亡的行为。至于大王您的行为，只有您自己选择了。’

“齐景公听了晏子的话非常高兴，先在都城内做了充分的准备，然后驻扎在郊外，打开仓库赈济贫困的人。又召集乐官说：‘给我创作一些君臣同乐的乐曲！’.这就是《徵招》《角招》。其中的歌词说：‘畜君有什么不对呢？’‘畜君’，就是热爱国君的意思。”

第三章

【原文】

齐宣王问曰："人皆谓我毁明堂[①]。毁诸？已乎[②]？"

孟子对曰："夫明堂者，王者之堂也。王欲行王政，则勿毁之矣。"王曰："王政可得闻与？"

对曰："昔者文王之治岐[③]也，耕者九一[④]，仕者世禄，关市讥而不征[⑤]，泽梁[⑥]无禁，罪人不孥[⑦]。老而无妻曰鳏。老而无夫曰寡。老而无子曰独。幼而无父曰孤。此四者，天下之穷民而无告者。文王发政施仁，必先斯四者。《诗》云：'哿矣富人，哀此茕独[⑧]。'"王曰："善哉言乎！"

曰："王如善之，则何为不行？"王曰："寡人有疾，寡人好货。"

对曰："昔者公刘[⑨]好货；《诗》云[⑩]：'乃积乃仓，乃裹馂粮[⑪]，于橐于囊[⑫]。思戢用光[⑬]。弓矢斯张，干戈戚扬[⑭]，爰方启行[15]。’故居者有积仓，行者有裹囊也，然后可以爰方启行。王如好货，与百姓同之，于王何有？”王曰：“寡人有疾，寡人好色。”

对曰：“昔者大王好色，爱厥[16]妃。《诗》云[17]：‘古公亶父[18]，来朝走马，率西水浒[19]，至于岐下。爰及姜女[20]，聿来胥宇[21]。’当是时也，内无怨女，外无旷夫[22]。王如好色，与百姓同之，于王何有？”

【注释】

①明堂：为天子接见诸侯而设的建筑。这里是指泰山明堂，是周天子东巡时设，至汉代还有遗址。

②已：止，不。

③岐：地名，在今陕西岐山县一带。

④耕者九一：指井田制。把耕地划成井字形，每井九百亩，周围八家各一百亩，属私田，中间一百亩属公田，由八家共同耕种，收入归公家，所以叫九一税制。

⑤关：道路上的关卡，近于现代“海关”的概念。市：集市。讥：稽查。征：征税。

⑥泽梁：在流水中拦鱼的设备。

⑦孥：本指妻子儿女，这里用作动词，不孥即指不牵连妻子儿女。

⑧哿矣富人，哀此茕独：引自《诗经·小雅·正月》。哿，可以。茕：孤单。

⑨公刘：人名，后稷的后代，周朝的创业始祖。

⑩《诗》云：引自《诗经·大雅·公刘》。

⑪餱粮：干粮。

⑫橐囊：都是盛物的东西，囊大橐小。

⑬思戢：语气词，无义。戢：同“辑”，和睦。用：因而。光：发扬光大。

⑭干戈戚扬：四种兵器。

⑮爰方启行：爰，于是；方，开始；启行：出发。

⑯厥：代词，他的，那个。

⑰《诗》云：引自《诗经·大雅·绵》。

⑱古公亶父：即周文王的祖父周太王。

⑲率：循者。浒：水边。

⑳爰：语首词，无义。姜女：太王的妃子。也称太姜。

㉑聿：语首词，无义。胥：动词，省视，视察。宇：屋宇。

㉒怨女：未出嫁的老处女。旷夫：未娶妻的单身汉。古代女子居内，男子居外，所以以内外代指。

【译文】

齐宣王问道：“别人都建议我拆毁明堂，究竟是拆毁好呢？还是不拆毁好呢？”

孟子回答说：“明堂是施行王政的殿堂。大王如果想施行王政，就请不要拆毁它吧。”宣王说：“可以把王政说给我听听吗？”

孟子回答说：“从前周文王治理岐山的时候，对农民的税率是九分抽一；对于做官的人是给予世代承袭的俸禄；在关卡和市场上只稽查，不征税；任何人到湖泊捕鱼都不禁止；对罪犯的处罚不牵连妻子儿女。失去妻子的老年人叫作鳏夫；失去丈夫的老年人叫作寡妇；没有儿女的老年人叫作独老；失去父亲的儿童叫作孤儿。这四种人是天下穷苦无靠的人。文王实行仁政，一定最先考虑到他们。《诗经》说：有钱人是可以过得去了，可怜那些无依无靠的孤人吧。”

宣王说：“说得好呀！”

孟子说："大王如果认为说得好，为什么不这样做呢？"

宣王说："我有个毛病，我喜爱钱财。"

孟子说："从前公刘也喜爱钱财。《诗经》说：'收割粮食装满仓，备好充足的干粮，装进小袋和大囊。紧密团结争荣光，张弓带箭齐武装。盾戈斧钺拿手上，开始动身向前方。'因此留在家里的人有谷，行军的人有干粮，这才能够率领军队前进。大王如果喜爱钱财，能想到老百姓也喜爱钱财，这对施行王政有什么影响呢？"

宣王说："我还有个毛病，我喜爱女色。"

孟子回答说："从前周太王也喜爱女色，非常爱他的妃子。《诗经》说：'周太王古公亶父，一大早驱驰快马。沿着西边的河岸，一直走到岐山下。带着妻子姜氏女，勘察地址建新居。'那时，没有找不到丈夫的老处女，也没有找不到妻子的老光棍。大王如果喜爱女色，能想到老百姓也喜爱女色，这对施行王政有什么影响呢？"

第四章

【原文】

孟子谓齐宣王曰："王之臣有托其妻子于其友而之楚游者，比其反也[1]，则[2]冻馁其妻子，则如之何？"王曰："弃之。"曰："士师[3]不能治士，则如之何？"王曰："已之。"曰："四境之内不治，则如之何？"王顾左右而言他。

【注释】

①比：及，至，等到。反：同“返”。

②则：这里的用法是表示事情的结果。

③士师：司法官。

【译文】

孟子对齐宣王说：“如果大王您有一个臣子把妻子儿女托付给他的朋友照顾，自己出游楚国去了。等他回来的时候，他的妻子儿女却在挨饿受冻。对待这样的朋友，应该怎么办呢？”

齐宣王说：“和他绝交！”

孟子说：“如果您的司法官不能管理他的下属，那应该怎么办呢？”

齐宣王说：“撤他的职！”

孟子又说：“如果一个国家的治理得很糟糕，那又该怎么办呢？”

齐宣王左右张望，把话题转移到其他地方去了。

第五章

【原文】

孟子见齐宣王，曰："所谓故国①者，非谓有乔木②之谓也，有世臣之③谓也。王无亲臣矣，昔者所进④，今日不知其亡⑤也。"

王曰："吾何以识其不才而舍之？"

曰："国君进贤，如不得已，将使卑逾尊，疏逾戚，可不慎与？左右皆曰贤，未可也；诸大夫皆曰贤，未可也；国人皆曰贤，然后察之；见贤焉，然后用之。左右皆曰不可，勿听；诸大夫皆曰不可，勿听；国人皆曰不可，然后察之；见不可焉，然后去之。左右皆曰可杀，勿听；诸大夫皆曰可杀，勿听；国人皆曰可杀，然后察之；见可杀焉，然后杀之。故曰国人杀之也。如此，然后可以为民父母。"

【注释】

①故国：指历史悠久的国家。

②乔木：高大的树木。

③世臣：世代建立功勋的大臣。

④进：进用。

⑤亡：去位，去职。

【译文】

孟子拜见齐宣王，说：“我们平时所说历史悠久的国家，并不是指那个国家有高大的树木，而是指有世代建立功勋的大臣。可大王您现在却没有亲信的大臣了，过去所任用的一些人，现在也不知到哪里去了。”

齐宣王说：“我应该怎样去识别那些真正缺乏才能的人而不用他呢？

孟子回答说：“国君选择贤才，在不得已的时候，甚至会把原本地位低的提拔到地位高的人之上，把原本关系疏远的提拔到关系亲近的人之上，这能够不谨慎吗？因此，左右亲信都说某人好，不可轻信；众位大夫都说某人好，还是不可轻信；全国的人都说某人好，然后去考察他，发现他是真正的贤才，再任用他。左右亲信都说某人不好，不可轻信；众位大夫都说某人不好，还是不可轻信；全国的人都说某人不好，然后去考查他，发现他真不好，再罢免他。左右亲信都说某人该杀，不可轻信；众位大夫都说某人该杀，还是不可轻信；全国的人都说某人该杀，然后去考查他，发现他真该杀，再杀掉他。所以说，是全国人杀的他。这样做，才可以做老百姓的父母官。”

第六章

【原文】

齐人伐燕[①]，胜之。宣王问曰："或谓寡人勿取，或谓寡人取之。以万乘之国伐万乘之国，五旬而举之[②]，人力不至于此。不取，必有天殃[③]。取之，何如？"

孟子对曰："取之而燕民悦，则取之。古之人有行之者，武王是也[④]。取之而燕民不悦，则勿取。古之人有行之者，文王是也[⑤]。以万乘之国伐万乘之国，箪食壶浆[⑥]以迎王师。岂有他哉？避水火也。如水益深，如火益热，亦运[⑦]而已矣。"

【注释】

①齐人伐燕：公元前315年（齐宣王五年），燕王哙将燕国让给他的相国子之，国人不服气，将军市被和太子平进攻子之，子之反攻，杀死了市被和太子平，国内一片混乱。齐宣王趁机进攻燕国，很快就取得了胜利。

②五旬而举之：据《战国策·燕策》记载，当齐国的军队攻打燕国时，燕国“士卒不战，城门不闭”，因此齐国军队五十天就攻进了燕国的首都，杀死了燕王哙和子之。

③不取，必有天殃：因齐宣王认为他攻打燕国太顺利，“人力不至于此”，是天意。所以，如果不占领它就是违背天意，必有灾殃。它是当时人流行的观念。

④武王是业：指武王灭纣。

⑤文王是也：指文王已三分天下有其二，但仍然服侍殷商而没有造反。

⑥箪：盛饭的竹筐。食：饭。浆：米酒。

⑦运：转。

【译文】

齐国人攻打燕国，大获全胜。齐宣王问道："有人劝我不要占领燕国，有人又劝我占领它。我觉得，以一个拥有万辆兵车的大国去攻打一个同样拥有万辆兵车的大国，只用了五十天就打下来了，光凭人力是做不到的呀。如果我们不占领它，一定会遭到天灾吧。占领它，怎么样？"

孟子回答说："占领它而使燕国的老百姓高兴，那就占领它。古人有这样做的，周武王便是。占领它而使燕国的老百姓不高兴，那就不要占领它。古人有这样做的，周文王便是。以齐国这样一个拥有万辆兵车的大国去攻打燕国这样一个同样拥有万辆兵车的大国，燕国的老百姓却用饭筐装着饭，用酒壶盛着酒浆来欢迎大王您的军队，难道有别的什么原因吗？不过是想摆脱他们那水深火热的日子罢了。如果您让他们的水更深，火更热，那他们也就会转而去求其他的出路了。"

第七章

【原文】

齐人伐燕，取之。诸侯将谋救燕。宣王曰：“诸侯多谋伐寡人者，何以待之？”

孟子对曰：“臣闻七十里为政于天下者，汤是也。未闻以千里畏人者也。《书》曰：‘汤一征，自葛始①。’天下信之，东面而征，西夷怨；南面而征，北狄怨。曰：‘傒为后我？’民望之，若大旱之望云霓②也。归市者③不止，耕者不变。诛其君而吊④其民。若时雨降，民大悦。《书》曰：‘傒我后⑤，后来其苏⑥。’今燕虐其民，王往而征之，民以为将拯己于水火之中也，箪食壶浆以迎王师。若杀其父兄，系累⑦其子弟，毁其宗庙，迁其重器⑧，如之何其可也？天下固畏齐之强也，今又倍地而不行仁政，是动天下之兵也。王速出令，反其旄倪⑨，止其重器，谋于燕众，置君而后去之，则犹可及止也。”

【注释】

①汤一征，自葛始：《尚书》逸文。

②云霓：霓，虹霓。虹霓在清晨出现于西方是下雨的征兆。

③归市者：指做生意的人。

④吊：这里是安抚、慰问的意思。

⑤徯：等待。后：王，君主。

⑤后来其苏：君王来了就会有起色。苏：恢复，苏醒，复活。

⑦系累：束缚，捆绑。

⑧重器：指贵重的祭器。

⑨旄倪：旄，通“耄”，八九十岁的人叫作耄，这里通指老年人。倪，指小孩子。

【译文】

齐国人攻打燕国，占领了它。一些诸侯国在谋划着要救助燕国。齐宣王说："不少诸侯在谋划着要来攻打我，该怎么办呢？"

孟子回答说："我听说过，有凭借着方圆七十里的国土就统一天下的，商汤就是。却没有听说过拥有方圆千里的国土而害怕别国的。《尚书》说：'商汤征伐，从葛国开始。'天下人都相信了。所以，当他向东方进军时，西边国家的老百姓便抱怨；当他向南方进军时，北边国家的老百姓便抱怨。都说：'为什么把我们放到后面呢？'老百姓盼望他，就像久旱盼乌云和虹霓一样。这是因为汤的征伐一点也不惊扰百姓。做生意的照常做生意，种地的照常种地。只是诛杀那些暴虐的国君来抚慰那些受害的老百姓。就像天上下了及时雨一样，老百姓非常高兴。《尚书》说：'等待我们的王，他来了，我们也就复活了！'如今，燕国的国君虐待老百姓，大王您的军队去征代他，燕国的老百姓以为您是要把他们从水深火热中拯救出来，所以用饭筐装着饭，用酒壶盛着酒浆来欢迎您的军队。可您却杀死他们的父兄，抓走他们的子弟，毁坏他们的宗庙，抢走他们宝器，这怎么能够使他们容忍呢？天下各国本来就害怕齐国强大，现在齐国的土地又扩大了一倍，而且还不施行仁政，这就必然会激起天下各国兴兵。大王您赶快发出命令，放回燕国老老小小的俘虏，停止搬运燕国的宝器，再和燕国的各界人士商议，为他们选立一位国君，然后从燕国撤回齐国的军队。这样做，还可以来得及制止各国兴兵。”

第八章

【原文】

邹与鲁哄[1]。穆公[2]问曰："吾有司死者三十三人，而民莫之死[3]也。诛之，则不可胜诛；不诛，则疾[4]视其长上之死而不救，如之何则可也？"

孟子对曰："凶年饥岁，君之民老弱转乎沟壑[5]，壮者散而之四方者，几[6]千人矣；而君之仓廪实，府库充，有司莫以告，是上慢而残下也。曾子[7]曰：'戒之戒之！出乎尔者，反乎尔者也。'夫民今而后得反之也。君无尤[8]焉！君行仁政，斯民亲其上，死其长矣。"

【注释】

①邹与鲁哄：邹国与鲁国交战。哄，争吵，冲突，交战。

②穆公：即邹穆公。孟子是邹国人，所以穆公问他。

③莫之死：即“莫死之的倒装，“之’”指“有司”。意思是“没有人为他们而死。”

④疾：憎恨。

⑤转：弃尸的意思。

⑥几：接近，差不多。

⑦曾子：即孔子的学生曾参。

⑧尤：动词，责备、归罪。

【译文】

邹国与鲁国交战。邹穆公对孟子说：“我的官吏死了三十三个，百姓却没有一个为他们而牺牲的。杀他们吧，杀不了那么多；不杀他们吧，又实在恨他们眼睁睁地看着长官被杀而不去营救。到底怎么办才好呢？”

孟子回答说：“灾荒年岁，您的老百姓，年老体弱的弃尸于山沟，年轻力壮的四处逃荒，差不多有上千人吧；而您的粮仓里堆满粮食，货库里装满财宝，官吏们却从来不向您报告老百姓的情况，这是他们不关心老百姓并且还残害老百姓的表现。曾子说：‘小心啊，小心啊！你怎样对待别人，别人也会怎样对待你。’现在就是老百姓报复他们的时候了。您不要归罪于老百姓吧！只要您施行仁政，老百姓自然就会亲近他们的领导，肯为他们的长官牺牲了。”

第九章

【原文】

滕文公[①]问曰："滕，小国也，间[②]于齐、楚。事齐乎？事楚乎？"

孟子对曰："是谋非吾所能及也。无已，则有一焉：凿斯池[③]也，筑斯城也，与民守之，效[④]死而民弗去，则是可为也。"

【注释】

①滕文公：滕国国君。滕国，古国名，西周分封的诸侯国，姬姓，开国国君是周文王的儿子错叔绣。在今山东藤县西南。公元前414年被越国灭，不久复国，又被宋国消灭。

②间：处。

③池：城池，也就是护城河。

④效：献，致。

【译文】

滕文公问道："滕国是一个小国，处在齐国和楚国两个大国之司。是归服齐国好呢，还是归服楚国好呢？"

孟子回答说："到底归服哪个国家好我也说不清。如果您一定要我谈谈看法，那倒是只有另一个办法：把护城河挖深，把城墙筑坚固，与老百姓一起坚守它，宁可献出生命，老百姓也不退去。做到了这样，那就可以有所作为了。"

公孙丑上

第一章

【原文】

公孙丑[①]问曰："夫子当路[②]于齐，管仲、晏子之功，可复许[③]乎？"

孟子曰："子诚齐人也，知管仲、晏子而已矣。或问乎曾西[④]曰：'吾子[⑤]与于路孰贤？'曾西蹴[⑥]然曰：'吾先子[⑦]之所畏也。'曰：'然则吾子与管仲孰贤？'曾西艴然[⑧]不悦，曰：'尔何曾[⑨]比予于管仲？管仲得君，如彼其专也，行乎国政，如彼其久也，功烈如彼其卑也，尔何曾比予于是？'"曰："管仲，曾西之所不为也，而子为[⑩]我愿之乎？"

曰："管仲以其君霸，晏子以其君显。管仲、晏子犹不足为与？"

曰："以齐王，由[⑪]反手也。"

曰："若是，则弟子之惑滋甚。且以文王之德，百年而后崩[⑫]，犹未洽于天下。武王、周公⑬继之，然后大行。今言王若易然，则文王不足法与？”

曰：“文王何可当也？由汤至于武丁，贤圣之君六七作⑭，天下归殷久矣，久则难变也。武丁朝诸侯有天下，犹运之掌也。纣之去武丁未久也，其故家遗俗，流风善政，犹有存者。又有微子、微仲、王子比干、箕子、胶鬲——皆贤人也——相与⑮辅相⑯之，故久而后失之也。尺地，莫非其有也，一民，莫非其臣也；然而文王犹方百里起，是以难也。齐人有言曰：‘虽有智慧，不如乘势；虽有镃基，不如待时⑰。’今时则易然也。夏后、殷、周之盛，地未有过千里者也，而齐有其地矣。鸡鸣狗吠相闻，而达乎四境，而齐有其民矣。地不改辟矣，民不改聚矣，行仁政而王，莫之能御也。且王者之不作，未有疏于此时者也；民之憔悴于虐政，未有甚于此时者也。饥者易为食，渴者易为饮。孔子曰：‘德之流行，速于置邮⑱而传命。’当今之时，万乘之国行仁政，民之悦之，犹解倒悬也。故事半古之人，功必倍之，惟此时为然。”

【注释】

①公孙丑：孟子的学生，齐国人。

②当路：当权，当政。

③许：兴盛、复兴。

④曾西：名曾申，字子西，鲁国人，孔子学生曾参的儿子。

⑤吾子：对友人的花色品种称，相当于“吾兄”“老兄”之类。

⑥蹴然：不安的样子。

⑦先子：指已逝世的长辈。这里指曾西的父亲曾参。

⑧艴然：恼怒的样子。

⑨曾：副词，竟然、居然。

⑩为：同“谓”，认为。

⑪由：同“犹”，好像。

⑫百年而后崩：相传周文王活了九十七岁。百年是泛指寿命很长。

⑬周公：名姬旦，周文王的儿子，武王的弟弟，辅助武王伐纣，统一天下，又辅助成王定乱，安定天下成为鲁国的始祖。

⑭作：在这里为量词，相当于现代口语“起”。

⑮相与：双音副词，“共同”的意思。

⑯辅相：双音动词，辅助。

⑰镃基：农具，相当于今天的锄头之类。

⑱置邮：置和邮都是名词，相当于后代的驿站。

【译文】

公孙丑问道：“先生如果在齐国当权，管仲、晏子的功业可以再度兴起来吗？”

孟子说：“你可真是个齐国人啊，只知道管仲、晏子。曾经有人问曾西：‘您和子路相比，哪个更有才能?，曾西不安地说：‘子路可是我父亲所敬畏的人啊，我怎么能和他相比呢？’那人又问：‘那么您和管仲相比，哪个更有才能呢？’曾西马上不高兴起来，说：‘你怎么竟拿管仲来和我相比呢？管仲受到齐桓公那样信任不疑，行使国家政权那样长久，而功绩却是那样少，你怎么竟拿他来和我相比呢？’”孟子接着说：“管仲是曾西都不愿跟他相比的人，你以为我愿意跟他相比吗？”

公孙丑说：“管仲辅佐桓公称霸天下，晏子辅佐景公名扬诸侯。难道管仲、晏子还不值得相比吗？“

孟子说：“以齐国的实力用王道来统一天下，易如反掌。”

公孙丑说：“您这样一说，弟子我就更加疑惑不解了。以周文王那样的仁德，活了将近一百岁才死，还没有能够统一天下。直到周武王、周公继承他的事业，然后才统一天下。现在您说用王道统一天下易如反掌，那么，连周文王都不值得学习了吗？”

孟子说：“我们怎么可以比得上周文王呢？由商汤到武丁，贤明的君主有六七个，天下人归服殷朝已经很久了，久就难以变动，武丁使诸侯们来朝，统治天下就像在自己的手掌心里运转一样容易。纣王离武丁并不久远，武丁的勋臣世家、良好习俗、传统风尚、慈善政治都还有遗存，又有微子、微仲、王子比干、箕子、胶鬲等一批贤臣共同辅佐，所以能统治很久以后才失去政权。当时没有一尺土地不属于纣王所有，没有一个百姓不属于纣王统治，在那种情况下，文王还只能从方圆百里的小地方兴起，所以是非常困难的。齐国人有句话说：‘虽然有智慧，不如趁形势；虽然有锄头，不如等农时。’现在的时势就很利于用王道统一天下：夏、商、周三代兴盛的时候，没有哪一国的国土有超过方圆千里的，而现在的齐国却超过了；鸡鸣狗叫的声音处处都听得见，一直到四方边境，这说明齐国人口众多。国土不需要新开辟，老百姓不需要新团聚，如果施行仁政来统一天下，没有谁能够阻挡。何况，统一天下的贤君没有出现，从来没有隔过这么久的；老百姓受暴政的压榨，从来没有这么厉害过。饥饿的人不择食物，口渴的人不择饮料。孔子说：‘道德的流行，比驿站传递政令还要迅速。’现在这个时候，拥有一万辆兵车的大国施行仁政，老百姓的高兴，就像被吊着的人得到解救一样。所以，做古人一半的事，就可以成就古人双倍的功绩。只有这个时候才做得到吧。”

第二章

【原文】

“敢问夫子恶乎长？”①

曰：“我知言，我善养吾浩然[2]之气。”

“敢问何谓浩然之气？”

曰：“难言也。其为气也，至大至刚，以直养而无害，则塞于天地之间。其为气也，配义与道；无是，馁也。是集义所生者，非义袭而取之也。行有不慊[3]于心，则馁矣。我故曰：告子[4]未尝知义，以其外之也。必有事焉而勿正[5]，心勿忘，勿助长也。无若宋人然：宋人有闵[6]其苗之不长而揠[7]之者，芒芒然[8]归，谓其人[9]曰：‘今日病[10]矣！予助苗长矣！’其子趋而往视之，苗则槁矣。天下之不助苗长者寡矣。以为无益而舍之者，不耘[11]苗者也；助之长者，揠苗者也，非徒无益，而又害之。”

“何谓知言？”

曰："诐辞[12]知其所蔽，淫辞[13]知其所陷，邪辞知其所离，遁辞[14]知其所穷。生于其心，害于其政；发于其政，害于其事。圣人复起，必从吾言矣。"

【注释】

①这一段系节选公孙丑与孟子的对话。问这句话的是公孙丑。

②浩然：盛大而流动的样子。

③慊：快，痛快。

④告子：名不详，可能曾受教于墨子。

⑤正：止。“而勿正”即“而勿止”。

⑥闵：担心，忧愁。

⑦揠：拔。

⑧芒芒然：疲倦的样子。

⑨其人：指他家里的人。

⑩病：疲倦，劳累。

⑪耘：除草。

⑫诐辞：偏颇的言辞。

⑬淫辞：夸张、过分的言辞。

⑭遁辞：躲闪的言辞。

【译文】

公孙丑说："请问老师您长于哪一方面呢？"

孟子说："我善于分析别人的言语，我善于培养自己的浩然之气。"

公孙丑说："请问什么叫浩然之气呢？"

孟子说："这很难用一两句话说清楚。这种气，极端浩大，极端有力量，用正直去培养它而不加以伤害，就会充满天地之间。不过，这种气必须与仁义道德相配，否则就会缺乏力量。而且，必须要有经常性的仁义道德蓄养才能生成，而不是靠偶尔的正义行为就能获取的。一旦你的行为问心有愧，这种气就会缺乏力量了。所以我说，告子不懂得义，因为他：把义看成心外的东西。我们一定要不断地培养义，心中不要忘记，但也不要一厢情愿地去帮助它生长。不要像宋人一样：宋国有个人嫌他种的禾苗老是长不高，于是到地里去用手把它们一株一株地拔高，累得气喘吁吁地回家，对他家里人说：‘今天可真把我累坏啦！不过，我总算让禾苗一下子就长高了！’他的儿子跑到地里去一看，禾苗已全部死了。天下人不犯这种拔苗助长错误的是很少的。认为养护庄稼没有用处而不去管它们的，是只种庄稼不除草的懒汉；一厢情愿地去帮助庄稼生长的，就是这种拔苗助长的人不仅没有益处，反而害死了庄稼。”

公孙丑问：“怎样才算善于分析别人的言语呢？”

孟子回答说：“偏颇的言语知道它片面在哪里；夸张的言语知道它过分在哪里；怪僻的言语知道它离奇在哪里；躲闪的言语知道它理穷在哪里。从心里产生，必然会对政治造成危害，用于政治，必然会对国家大事造成危害。如果圣人再世，也一定会同意我的话。”

第三章

【原文】

孟子曰："以力假[①]仁者霸，霸必有大国。以德行仁者王，王不待[②]大。汤以七十里，文王以百里。以力服人者，非心服也，力不赡[③]也；以德服人者，中心悦而诚服也，如七十子之服孔子也。《诗》云[④]：'自西自东，自南自北，无思不服[⑤]。'此之谓也。"

【注释】

①假：借，凭借。

②待：等待，引申为依靠。

③赡：充足。

④《诗》云：引自《诗经·大雅·文王有声》。

⑤思：助词，无义。

【译文】

孟子说：“用武力而假借仁义的人可以称霸，所以称霸必须是大国。用道德而实行仁义的人可以使天下归服，使天下归服的不一定是大国——商汤王只有方圆七十里，周文王只有方圆一百里，用武力征服别人的，别人并不是真心服从他，只不过是力量不够罢了；用道德使人归服的，是心悦诚服，就像七十个弟子归服孔子那样。《诗经》说：‘从西从东，从南从北，无不心悦诚服。’正是说的这种情况。”

第四章

【原文】

孟子曰："仁则荣，不仁则辱。今恶辱而居不仁，是犹恶湿而居下也。如恶之，莫如贵德而尊士，贤者在位，能者在职。国家闲暇[①]，及是时，明其政刑。虽大国，必畏之矣。《诗》云[②]：'迨[③]天之未阴雨，彻彼桑土[④]，绸缪牖户[⑤]。今此下民[⑥]，或敢侮予。'孔子曰：'为此诗者，其知道乎！能治其国家，谁敢侮之？'今国家闲暇，及是时，般乐怠敖[⑦]，是自求祸也。祸福无不自己求之者。《诗》云[⑧]：'永言配命，自求多福。'《太甲》[⑩]曰："天作孽，犹可违[⑪]；自作孽，不可活[⑫]。'此之谓也。"

【注释】

①闲暇：指国家安定无元内忧外患。

②《诗》云：引自《诗经·邪风·鸱鸦》。

③迨：趁着。

④彻：剥取。桑土：桑树根；土同“杜”，东齐方言说“根”为“杜”。

⑤绸缪：缠结。牖：窗子；户：门。

③下民：民义同“人”。这里的诗句是以鸱鸦（一种形似黄雀而身体较小的鸟）的口吻，其巢在上，所以称人为“下民”。

⑦般：乐。怠：怠情。敖：同“遨”，指出游。

⑨《诗》云：引自《涛经·大邪·文王》。

③永：长久；言：语助同，大义。配：合。命：天命。

⑩《太甲》：《尚书》中的一篇。

⑪逭：避。

⑫活："逭"的借字，"逃"的意思。

【译文】

孟子说："仁就光荣，不仁就耻辱；现在的人既厌恶耻辱却又居于不仁的境地，这就好像既厌恶潮湿却又居于低洼的地方一样。假如真的厌恶耻辱，那最好是以仁德为贵，尊敬读书人，使有贤德的人位于一定的官位，有才能的人担任一定的职务。并且趁国家无内忧外患的时候修明政治法律制度。这样做了即使是大国也会畏惧你。《诗经》说：'趁着天晴没阴雨，剥些桑树根上皮，补好窗子和门户。现在你们下面人，有谁还敢欺侮我？'孔子说：'写这首诗的人很懂得道理呀！能够治理好自己的国家，谁还敢欺侮他呢？'如今国家没有内忧外患，却趁着这个时候享乐腐化，这是自己寻求祸害。祸害和幸福没有不是自己找来的。《诗经》说：'长久地与天命相配合，自己寻求更多的幸福。'《尚书·大甲》说：'上天降下的灾害还可以逃避；自己造成的罪孽可就无处可逃。’说的就是这个意思。”

第五章

【原文】

孟子曰："尊贤使能，俊杰在位，则天下之士皆悦，而愿立于其朝矣；市，廛而不征[①]，法而不廛[②]，则天下之商皆悦，而愿藏于其市矣；关，讥而不征[③]，则天下之旅皆悦，而愿出于其路矣；耕者，助而不税[④]，则天下之农皆悦，而愿耕于其野矣；廛，[⑤]无夫里之布[⑥]，则天下之民皆悦，而愿为之氓[⑦]矣。信能行此五者，则邻国之民仰之若父母矣。率其子弟，攻其父母，自有生民以来未有能济者也。如此，则无敌于天下。无敌于天下者，天吏[⑧]也。然而不王者，未之有也。"

【注释】

①廛：市中储藏或堆积货物的货栈。征：征税。

②法而不廛：指官方依据法规收购长期积压于货栈的货物，以保证商人的利益。

③讥而不征：只稽查不征税。讥，查问。

④助而不税：指“耕者九一”的井田制只帮助种公田而不再收税。

⑤廛：这里指民居，与“廛而不征”的“廛”所指不同。

⑥夫里之布：古代的一种税收名称，即“夫布”“里布”，大致相当于后世的土地税、劳役税。

⑦氓：指从别处移居来的移民。

⑧天吏：顺从上天旨意的执政者。这里的“吏”不是指小官。

【译文】

孟子说："尊重贤才，使用能人，杰出的人物都有职位，那么，天下的士人都乐于在这样的朝廷担任一官半职了；在市场上提供储货的地方却不征税，把滞销的货物依法收购不使积压，那么，天下的商人都乐于在这样的市场做生意了；海关只稽查而不征税，那么，天下的旅客都乐于在这样的路上旅行了；种庄稼只按井田制助耕公田而不再征税，那么，天下的农民都乐于在这样的土地上耕种了；居民区没有额外的土地税和劳役税，那么，天下的百姓都乐于成为这里的居民了。真正能够做到这五点，就连邻国的百姓都会把他当父母一样仰慕。如果有谁想率领这些百姓来攻打他，就好比率领人去攻打父母，自有人类以来就没有成功过的。这样，他就天下无敌了。天下无敌的可叫作'天吏'。做到了这个程度还不能够称王天下的，是从来没有过的。"

第六章

【原文】

孟子曰："人皆有不忍人之心[①]。先王有不忍人之心，斯有不忍之政矣。以不忍人之心，行不忍人之政，治天下可运之掌上。所以谓人皆有不忍人之心者，今人乍[②]见孺子将入于井，皆有怵惕恻隐[③]之心，非所以内交[④]于孺子之父母也，非所以要誉[⑤]于乡党朋友也，非恶其声而然也。由是观之，无恻隐之心，非人也；无羞恶之心，非人也；无辞让之心，非人也；无是非之心，非人也。恻隐之心，仁之端[⑥]也；羞恶之心，义之端也；辞让之心，礼之端也；是非之心，智之端也。人之有是四端也，犹其有四体也。有是四端而自谓不能者，自贼者也；谓其君不能者，贼其君者也。凡有四端于我[⑦]者，知皆扩而充之矣，若火之始然[⑧]，泉之始达。苟能充之，足以保[⑨]四海；苟不充之，不足以事父母。"

【注释】

①不忍人之心：怜悯心，同情心。

②乍：突然、忽然。

③怵惕：惊惧。恻隐：哀痛，同情。

④内交，内交即结交，内同“纳”。

⑤要誉：博取名誉。要同“邀”，求。

⑥端：开端，起源。源头。

⑦我：同“己”。

⑧然，同“燃”。

⑨保：定，安定。

【译文】

孟子说：“每个人都有怜悯体恤别人的心情。先王由于怜悯体恤别人的心情，所以才有怜悯体恤百姓的政治。用怜悯体恤别人的心情，施行怜悯体恤百姓的政治，治理天下就可以像在手掌心里面运转东西一样容易了。之所以说每个人都有怜悯体恤别人的心情，是因为，如果今天有人突然看见一个小孩要掉进井里面去了，必然会产生同情的。这不是因为要想去和这孩子的父母拉关系，不是因为要想在乡邻朋友中博取声誉，也不是因为厌恶这孩子的哭叫声才产生这种惊惧同情心理的。由此看来，没有同情心，简直不是人；没有羞耻心，简直不是人；没有谦让心，简直不是人；没有是非心，简直不是人。同情心是仁的发端；羞耻心是义的发端；谦让心是礼的发端；是非心是智的发端。人有这四种发端，就像有四肢一样。有了这四种发端却自认为不行的，是自暴自弃的人；认为他的君主不行的，是残害君主的人。凡是有这四种发端的人，知道都要扩大充实它们，就像火刚刚开始燃烧，泉水刚刚开始流淌。如果能够扩充它们，便足以安定天下，如果不能够扩充它们，就连赡养父母都成问题。”

第七章

【原文】

孟子曰："矢人[①]岂不仁于函人[②]哉？矢人唯恐不伤人，函人唯恐伤人。巫匠亦然[③]。故术[④]不可不慎也。孔子曰：'里仁为美，择不处仁，焉得智？'夫仁，天之尊爵也，人之安宅也。莫之御而不仁[⑤]，是不智也。不仁、不智，无礼、无义，人役也。人役而耻为役，由[⑥]弓人而耻为弓，矢人而耻为矢也。如耻之，莫如为仁。仁者如射，射者正己而后发；发而不中，不怨胜己者，反求诸己而已矣。"

【注释】

①矢人：造箭的人。

②函人，造销甲的人。

③巫：巫医。匠：匠人，这里特指做棺材的木匠。

④术：这里指选择谋生之术，也就是选择职业。

⑤御：阻挡。

⑥由：同“犹”，好像。

【译文】

孟子说：“造箭的人难道不如造销甲的人仁慈吗？造箭的人唯恐自己造的箭不能够伤害人，造销甲的人却唯恐箭伤害了人。医生和棺材匠之间也是这样。所以，一个人选择谋生职业不可以不谨慎。孔子说：‘居住在有仁厚风气的地方才好。选择住处而不迷在有仁厚风气的地方，怎么能说是明智呢？’仁，是上天尊贵的爵位，人间最安逸的住宅。没有人阻挡却不选择仁，是不明智。不仁不智，无礼无义的人，只配被别人驱使。被别人驱使而引以为耻，就像做了造弓的人却又以造弓为耻，做了造箭的人却又以造箭为耻一样。如果真正引以为耻，那就不如好好行仁。有仁德的人就像射手：射手先端正自己的姿势然后才放箭；如果没有射中，不怪比自己射得好的人，而是反过来找自己的原因。”

第八章

【原文】

孟子曰："子路，人告之以有过，则喜。禹，闻善言，则拜。大舜有[①]大焉，善与人同[②]，舍己从人，乐取于人以为善。自耕稼、陶、渔以至为帝，无非取于人者。取诸人以为善，是与人为善[③]者也。故君于莫大乎与人为善。"

【注释】

①有：同“又”。

②善与人同：与人共同做善事。

③与人为善：与，偕同。

【译文】

孟子说：“子路，别人指出他的过错，他就很高兴。大禹听到有教益的活，就给人家敬礼。伟大的舜帝又更为了不得：总是与别人共同做善事。舍弃自己的缺点，学习人家的优点，非常快乐地吸取别人的长处来行善。从他种地、做陶器、捕鱼一直到做帝王，没有哪个时候他不向别人学习。吸取别人的优点来行善，也就是与别人一起来行善。君子。最重要的就是要与别人一起来行善。”

公孙丑下

第一章

【原文】

孟子曰："天时不如地利，地利不如人和[1]。三里之城，七里之郭[2]，环而攻之而不胜。夫环而攻之，必有得天时者矣；然而不胜者，是天时不如地利也。城非不高也，池[3]非不深也，兵革[4]非不坚利也，米粟非不多也；委[5]而去之，是地利不如人和也。故曰：域[6]民不以封疆之界，固国不以山谿[7]之险，威天下不以兵革之利。得道者多助，失道者寡助。寡助之至，亲戚畔[8]之；多助之至，天下顺之。以天下之所顺，攻亲戚之所畔；故君子有[9]不战，战必胜矣。"

【注释】

①天时、地利、人和：《荀子·王霸篇》说：“农夫朴力而寡能，则上不失天时，下不失地利，中得人和而百事不废。”荀子所指的“天时”指农时，“地利”指土壤肥沃，“人和”是指人的分工。而孟子在这里所说的“天时”则指尖兵作战的时机、气候等；“地利”是指山川险要，城池坚固等；“人和”则指人心所向，内部团结等。

②三里之城，七里之郭：内城叫“城”，外城叫“郭”。内外城比例一般是三里之城，七里之郭。

③池：即护城河。

④兵：武器，指戈矛刀箭等攻击性武器。革：皮革，指甲胄。古代甲胄是用皮革做的，也有用铜铁做的。

⑤委：弃。

⑥域民：限制人民。域，界限。

⑦谿：山间的河沟。

⑧畔：同“叛”。

⑨有：或，要么。

【译文】

孟子说："有利的时机和气候不如有利的地势，有利的地势不如人的齐心协力。一个三里内城墙、七里外城墙的小城，四面围攻都不能够攻破。既然四面围攻，总有遇到好时机或好天气的时候，但还是攻不破，这说明有利的时机和气候不如有利的地势。另一种情况是，城墙不是不高，护城河不是不深，兵器和甲胄不是极利和坚固，粮草也不是不充足，但还是弃城而逃了，这就说明有利的地势不如人的齐心协力。所以说：老百姓不是靠封锁边境线就可以限制住的，国家不是靠山川险阻就可以保住的，扬威天下也不是靠锐利的兵器就可以做到的。拥有道义的人得到的帮助就多，失去道义的人得到的帮助就少。帮助的人少到极点时，连亲戚也会叛离；帮助的人多到极点时，全天下的人都会顺从。以全天下人都顺从的力量去攻打连亲戚都会叛离的人，必然是不战则已，战无不胜的了。"

第二章

【原文】

孟子将朝王[1]，王使人来曰："寡人如[2]就见者也，有寒疾，不可以风。朝，将视朝[3]，不识[4]可使寡人得见乎？"

对曰："不幸而有疾，不能造[5]朝。"

明日，出吊于东郭氏[6]。公孙丑曰："昔者辞以病，今日吊，或者不可乎？"

曰："昔者疾，今日愈，如之何不吊？"

王使人问疾，医来。

孟仲子对曰："昔者有王命，有采薪之忧[8]，不能造朝。今病小愈，趋造于朝，我不识能至否乎。"

使数人要[9]于路，曰："请必无归而造于朝！"

不得已而之景丑氏[10]宿焉。

景子曰："内则父子，外则君臣，人之大伦也。父子主恩，君臣主敬。丑见王之敬子也，未见所以敬王也。”

曰：“恶！是何言也！齐人无以仁义与王言者，岂以仁义为不美也？其心曰：‘是何足与言仁义也’云尔，则不敬莫大乎是。我非尧、舜之道，不敢以陈于王前，故齐人莫如我敬王也。”

景子曰：“否，非此之谓也。礼曰：‘父召，无诺[11]；君命召，不俟驾[12]。’固将朝也，闻王命而遂不果，宜[13]与夫礼若不相似然。”

曰：“岂谓是与？曾子曰：‘晋、楚之富，不可及也。彼以其富，我以吾仁；彼以其爵，我以吾义。吾何慊[14]乎哉？’夫岂不义而曾子言之？是或一道也。天下有达尊三：爵一，齿一，德一。朝廷莫如爵，乡党莫如齿，辅世长民莫如德。恶得有其一以慢其二哉？故将大有为之君，必有所不召之臣；欲有谋焉，则就之。其尊德乐道，不如是，不足与有为也。故汤之于伊尹，学焉而后臣之，故不劳而王；桓公之于管仲，学焉而后臣之，故不劳而霸。今天下地丑[15]德齐，莫能相尚，无他，好臣其所教，而不好臣其所受教。汤之于伊尹，桓公之于管仲，则不敢召。管仲且犹不可召，而况不为管仲者乎？”

【注释】

①王：指齐王。

②如：宜，当，应当。

③朝，将视朝：第一个“朝”读zhāo，即“清晨”的意思：第二个“朝”读cháo，意即“朝廷”，视朝即在朝廷处理政务。

④不识：不知。

⑤造；到，上。

⑥东郭氏：齐国的大夫。

⑦孟仲子：孟子的堂兄弟，跟随孟子学习。

⑧采薪之忧：本意是说有病不能去打柴，引申为自称生病的代词。薪，柴草。

⑨要：拦截。

⑩景丑氏：齐国的大夫。

⑪父召无诺《礼记·曲礼》：“父召无诺，先生召无诺，唯而起。”“唯”和“诺”都是表示应答，

急时用“唯”，缓时用“诺”。父召无诺的意思是说，听到父亲叫，不等说“诺”就要起身。

⑫不俟驾：不等到车马备好就起身。

⑬宜：义同“殆”，大概，恐怕。

⑭慊：憾，少。

⑮丑：类似，相近，同。

【译文】

孟子准备去朝见齐王，恰巧齐王派了个人来转达说：“我本应该来看您，但是感冒了，吹不得风。明早我将上朝处理政务，不知您能否来朝廷上，让我见到您？”

孟子回答说：“不幸得很，我也有病，不能上朝廷去。”

第二天，孟子要到东郭大夫家里去吊丧。公孙丑说：“昨天您托词生病谢绝了齐王的召见，今天却又去东郭大夫家里吊丧，这或许不太好吧？”

孟子说：“昨天生病，今天好了，为什么不可以去吊丧呢？”

齐王打发人来问候孟子的病，并且带来了医生。孟仲子应付说：“昨天大王命令来时，他正生着病，不能上朝廷去。今天病刚好了一点，已经上朝廷去了，但我不知道他能否到达。”

孟仲子又立即派人到路上去拦孟子，转告孟子说：“请您无论如何不要回家，而赶快上朝廷去！”

孟子不得已到景丑的家里去住宿。景丑说：“在家庭里有父子，在家庭外有君臣，这是人与人之间最重要的伦理关系。父子之间以慈恩为主，君臣之间以恭敬为主。我只看见齐王尊敬您，却没看见您尊敬齐王。”

孟子说：“哎！这是什么话！在齐国人中，没有一个与齐王谈论仁义的。难道是他们觉得仁义不好吗？不是。他们心里想的是：这样的王哪里配和他谈论仁义呢？这才是他们对齐王最大的不恭敬。至于我，不是尧舜之道就不敢拿来向齐王陈述。所以，齐国人没有谁比我更对齐王恭敬了。”

景丑说："不，我不是说的这个方面。礼经上说过，父亲召唤，不等到应'诺''唯'一声就起身；君王召唤，不等到车马备好就起身，可您呢，本来就准备朝见齐王，听到齐王的召见却反而不去了，这似乎和礼经上所说的不大相合吧。"

孟子说："原来你说的是这个呀！曾子说过：'晋国和楚国的财富，没有人赶得上。不过，他有他的财富，我有我的仁；他有他的爵位，我有我的义。我有什么不如他的呢？'曾子说这些话难道没有道理吗？应该是有道理的罢。天下有三样最尊贵的东西：一样是爵位，一样是年龄，一样是德行。在朝廷上最尊贵的是爵位；在乡里最尊贵的是年龄；至于辅助君王治理百姓，最尊贵的是德行。他怎么能够凭爵位就来怠慢我的年龄和德行呢？所以，大有作为的君主一定有他不能召唤的大臣，如果他有什么事情需要出谋划策，就亲自去拜访他们。这就叫尊重德行喜爱仁道，不这样，就不能够做到大有作为。因此，商汤对于伊尹，先向伊尹学习，然后才以他为臣，于是不费大力气就统一了天下；桓公对于管仲，也是先向他学习，然后才以他为臣，于是不费大力气就称霸于诸侯。现在，天下各国的土地都差不多，君主的德行也都不相上下，相互之间谁也不能高出一筹，没有别的原因，就是因为君王们只喜欢用听他们的话的人为臣，而不喜欢用能够教导他们的人为臣。商汤对于伊尹，桓公对于管仲就不敢召唤。管仲尚且不可以被召唤，更何况连管仲都不屑于做的人呢？”

第三章

【原文】

陈臻[①]问曰："前日于齐，王馈兼金[②]一百[③]而不受；于宋，馈七十镒而受；于薛[④]，馈五十镒而受。前日之不受是，则今日之受非也；今日之受是，则前日之不受非也。夫子必居一于此矣。"

孟子曰："皆是也。当在宋也，予将有远行，行者必以赆[⑤]；辞曰：'馈赆。'予何为不受？当在薛也，予有戒心；辞曰：'闻戒，故为兵馈之。'予何为不受？若于齐，则未有处也[⑥]。无处而馈之，是货之[⑦]也。焉有君子而可以货取乎？"[⑧]

【注释】

①陈臻：孟子的学生。

②兼金：好金。因其价格双倍于普通金，所以称为“兼金”。

③一百：即一百镒。镒为古代重量单位。一镒为二十两。

④薛：春秋时有薛国，但在孟子的时代已被齐国所灭，所以，这里的薛是指齐国靖郭君田婴的封地，在今山东藤县东南。

⑤赆：给远行的人送路费或礼物。

⑥戒心：戒备意外发生。根据赵岐的注释，当时有恶人要害孟子，所以孟子有所戒备。

⑦未有处：没有出处，引申为没有理由。

⑧货：动词，收买，贿赂。

【译文】

陈臻问道："以前在齐国的时候，齐王送给您好金一百镒，您不接受；到宋国的时候，家王送给您七十镒，您却接受了；在薛地，薛君送给您五十镒，您也接受了。如果以前的不接受是正确的，那后来的接受便是错误的；如果后来的接受是正确的，那以前的不接受便是错误的。老师您总有一次做错了吧。"

孟子说："都是正确的。当在宋国的时候，我准备远行，对远行的人理应送些盘缠。所以宋王说：'送上一些盘缠。'我怎么不接受呢？当在薛地的时候，我听说路上有危险，需要戒备。薛君说：'听说您需要戒备，所以送上一点买兵器的钱。'我怎么能不接受呢？至于在齐国，则没有任何理由。没有理由却要送给我一些钱，这等于是用钱来收买我。哪里有君子可以拿钱收买的呢？"

第四章

【原文】

孟子谓蚳鼃[①]曰："子之辞灵丘[②]而请士师[③]，似也，为其可以言也。今既数月矣，未可以言与？"

蚳鼃谏于王而不用，致为臣而去。齐人曰："所以为蚳鼃则善矣；所以自为则吾不知也。"

公都子[④]以告。

曰："吾闻之也，有官守者，不得其职则去；有言责者，不得其言则去。我无官守，我无言责也，则吾进退，岂不绰绰然有馀裕哉？"

【注释】

①蚳鼃：齐国大夫。

②灵丘：齐国边境邑名。

③士师：官名，管禁令，狱讼，刑罚等，是法官的通称。

④公都子：孟子的学生。

【译文】

孟于对蚳鼃说："您辞去灵丘县长而请求做法官，这似乎有道理，因为可以向齐王进言。可是现在你已经做了好几个月的法官了，还不能向齐王进言吗？"

蚳鼃向齐王进谏，齐王不听。蚳鼃因此辞职而去。齐国人说："孟子为蚳鼃的考虑倒是有道理，但是他怎样替自己考虑呢？我们就不知道了。"

公都子把齐国人的议论告诉了孟子。

孟子说："我听说过：有官位的人，如果无法尽其职责就应该辞官不干；有进言责任的人，如果言不听，计不从，就应该辞职不干。至于我，既无官位，又无进言的责任，那我的进退去留，岂不是非常宽松而有自由的回旋余地吗？"

第五章

【原文】

孟子自齐葬于鲁[①]，反于齐，止于嬴[②]。

充虞[③]请曰："前日不知虞之不肖，使虞敦匠事[④]。严[⑤]，虞不敢请。今愿窃有请也：木若以[⑥]美然。"

曰："古者棺椁无度[⑦]，中古[⑧]，棺七寸，椁称之。自天子达于庶人，非直为观美也，然后尽于人心。不得[⑨]，不可以为悦；无财，不可以为悦。得之为[⑩]，有财，古之人皆用之，吾何为独不然？且比[⑪]化者[⑫]无使土亲肤，于人心独无恔[⑬]乎？吾闻之：君子不以天下俭其亲。"

【注释】

①自齐葬于鲁：孟子在齐国时，随行的母亲去世，孟子从齐国把母亲遗施购国安葬。

②嬴：地名，故城在今山东莱芜西北。

③充虞：孟子的学生。

④敦：治，管。匠事：木匠制作棺材的事。

⑤严；急，忙。

⑥以：太。

⑦棺椁无度：古代棺材分内外两层，内层叫棺，外层的套棺叫椁。棺椁无度是说棺与椁都没有尺寸规定。

⑧中古：指周公治礼以后的时代。

⑨不得：指礼制规定所不允许。

⑩为：这里是“与”的意思。

⑪比；为了。

⑫化者：死者。

⑬恔：快，快慰，满足。

【译文】

孟子从齐国到鲁国安葬母亲后返回齐国，住在嬴县。

学生充虞请教说："前些日子承蒙老师您不嫌弃我，让我管理做棺椁的事。当时大家都很忙碌，我不敢来请教。现在我想把心里的疑问提出来请教老师：棺木似乎太好了一点吧！"

孟子回答说："上古对于棺椁用木的尺寸没有规定；中古时规定棺木厚七寸，椁木以与棺木的厚度相称为准。从天子到老百姓，讲究棺木的质量并非仅仅是为了美观，而是因为要这样才能尽到孝心。为礼制所限不能用上等木料做棺椁，不能够称心；没有钱不能用上等木料做棺椁，也不能够称心。既为礼制所允许，又有财力，古人都会这么做，我又怎么不可以呢？况且，这样做不过是为了不让泥土沾上死者的尸体，难道孝子之心就不可以有这样一点满足吗？我听说过：君子不因为天下大事而俭省应该用在父母身上的钱财。"

第六章

【原文】

孟子致为臣而归[①]。王就见孟子，曰："前日愿见而不可得，得侍同朝，甚喜。今又弃寡人而归，不识可以继此而得见乎？"

对曰："不敢请耳，固所愿也。"

他日，王谓时子[②]曰："我欲中国[③]而授孟子室，养弟子以万钟[④]，使诸大夫国人皆有所矜式[⑤]。子盍为我言之？"

时子因陈子[⑥]而以告孟子，陈子以时子之言告孟子。

孟子曰："然，夫时子恶知其不可也？如使予欲富，辞十万而受万，是为欲富乎？季孙[⑦]曰：'异哉子叔疑[⑧]！使己为政，不用，则亦已矣，又使其子弟为卿。人亦孰不欲富贵？而独于富贵之中有私龙断[⑨]焉。'古之为市也，以其所有易其所无者，有司者治之耳。有贱丈夫[⑩]焉，必求龙断而登之，以左右望而罔市利。人皆以为贱，故从而征之。征商自此贱丈夫始矣。"

【注释】

①致为臣而归：指孟子辞去齐宣王的客卿而归故乡。致，在古代有“致仕”“致禄”“致政”等多种说法，其中的“致”都是“归还”的意思。

②时子：齐王的臣子。

③中国：在国都中，指临淄城。“中”在这里是介词，“国”即国都。

④万钟：钟，古代量器。齐国量器有豆、区、釜、钟四种。每豆四升，每区四斗，每釜四区，每钟十釜。万钟为六万四千石。

⑤矜式：敬重，效法。

⑥陈子：即孟子的学生陈臻。

⑦季孙：赵岐注为孟子的弟子，朱熹则认为“不知何时人”。

⑧子叔疑：人名，与季孙一样不可考。

⑨龙断：即“垄断”。原意是名词，指高而不相

连属的土墩子，后逐渐引申为把持、独占。

⑩丈夫；对成年男子的通称。

【译文】

孟子辞去齐国的官职准备回乡。齐王专门去看孟子，说："从前希望见到您而不可能；后来终于得以在一起共事，我感到很高兴；现在您又将抛弃我而归去了，不知我们以后还能不能够相见？"

孟子回答说："我不敢请求罢了，这本来就是我的愿望。"

过了几天，齐王对臣下时子说："我想在都城中拨一所房子给孟子，再用万钟粮食供养他的学生，使我们的官吏和人民都有所效法。您何不替我向孟子谈谈呢？"

时子便托陈子把这话转告给孟子。陈子也就把时子的话告诉了孟子。

孟子说："嗯，那时子哪里知道这事做不得呢？如果我是贪图财富的人，辞去十万钟俸禄的官不做却去接受一万钟的赏赐，这是想更富吗？季孙曾经说过：‘子叔疑真奇怪！自己要做官，别人不重用，也就算了吗，却又让自己的子弟去做卿大夫。谁不想做官发财呢？可他却想在这做官发财中搞垄断。’这正如古代的市场交易，本来不过是以有换无，有关的部门进行管理。但却有那么一个卑鄙的汉子，一定要找一个独立的高地登上去，左边望望，右边望望，恨不得把全市场的赚头都由他一人捞去。别人都觉得这人卑鄙，因此向他征税。征收商业税也就从这个卑鄙的男子开始了。”

第七章

【原文】

孟子去齐，充虞路问曰：“夫子若有不豫[①]色然。前日虞闻诸夫子曰：‘君子不怨天，不尤人。[②]’”

曰：“彼一时，此一时也。五百年必有王者兴，其间必有名世者[③]。由周而来，七百有馀岁矣。以其数，则过矣；以其时考之，则可矣。夫天未欲平治天下也，如欲平治天下，当今之世，舍我其谁也？吾何为不豫哉？”

【注释】

①豫：快乐，愉快。

②不怨天，不尤人：这是引孔子的话，见《论语·宪问》。尤，责怪，抱怨。

③名世者：有名望而辅佐君王的人。

【译文】

孟子离开齐国，充虞在路上问道：“老师似乎不快乐的样子。可是以前我曾听老师您讲过：‘君子不抱怨上天，不责怪别人。’”

孟子说：“那是一个时候，现在又是一个时候。从历史上来看，每五百年就会有一位圣贤君主兴起，其中必定还有名望很高的辅佐者。从周武王以来，到现在已经七百多年了。从年数来看，已经超过了五百年；从时势来考察，也正应该是时候了。大概老天不想使天下太平了吧，如果想使天下太平，在当今这个世界上，除了我还有谁呢？我为什么不快乐呢？”

滕文公上

第一章

【原文】

滕文公为世子[①]，将之楚，过宋而见孟子。孟子道性善，言必称尧、舜。

世子自楚反，复见孟子。孟子曰：“世子疑吾言乎？夫道一而已矣。成眗[②]谓齐景公曰：‘彼，丈夫也；我，丈夫也；吾何畏彼哉？’颜渊曰：‘舜，何人也？予，何人也？有为者亦若是。’公明仪[③]曰：‘文王，我师也；周公岂欺我哉？’今滕，绝长补短，将五十里也，犹可以为善国。《书》曰：‘若药不瞑眩[④]，厥疾不瘳[⑤]。’”

【注释】

①世子：即太子。“世”和“太”古音相同，古书常通用。

②成覸：齐国的臣，以勇敢著称。

③公明仪：人名，复姓公明，名仪，鲁国贤人，曾子学生。

④瞑眩：眼睛昏花看不清楚。

⑤瘳：病愈。

【译文】

滕文公还是太子的时候，要到楚国去，经过宋国时拜访了孟子。孟子给他讲善良是人的本性的道理，话题不离尧、舜。

太子从楚国回来，又来拜访孟子。孟子说：“太子不相信我的话吗？道理都是一致的啊。成对齐景公说：‘他是一个男子汉，我也是一个男子汉，我为什么怕他呢？’颜渊说：‘舜是什么人，我是什么人，有作为的人也会像他那样。’公明仪说：‘文王是我的老师；周公难道会欺骗我吗？’现在的滕国，假如把疆土截长补短也有将近方圆五十里吧。还可以治理成一个好国家。《尚书》说‘如果药不能使人头昏眼花，那病是不会痊愈的。’”

第二章

【原文】

滕定公[①]薨[②]，世子谓然友[③]曰："昔者孟子尝与我言于宋，于心终不忘。今也不幸至于大故[④]，吾欲使子问于孟子，然后行事。"

然友之邹[⑤]，问于孟子。

孟子曰："不亦善乎！亲丧，固所自尽[⑥]也。曾子曰：'生，事之以礼；死，葬之以礼，祭之以礼，可谓孝矣[⑦]。'诸侯之礼，吾未之学也；虽然，吾尝闻之矣。三年之丧[⑧]，齐疏之服[⑨]，飦粥之食[⑩]，自天子达于庶人，三代共之。"

然友反命，定为三年之丧。父兄百官皆不欲，曰："吾宗国[⑪]鲁先君莫之行，吾先君亦莫之行也，至于子之身而反之，不可，且《志》[⑫]曰：'丧祭从先祖。'"曰："吾有所受之也。"

谓然友曰："吾他日未尝学问，好驰马试剑。今也父兄百官不我足也，恐其不能尽于大事，子为我问孟子。"然友复之邹问孟子。

孟子曰："然，不可以他求者也。孔子曰：'君薨，听于冢宰⑬，歠⑭粥，面深墨，即位而哭，百官有司莫敢不哀，先之也。'上有好者，下必有甚焉者矣。君子之德，风也；小人之德，草也。草尚之风，必偃⑮。是在世子。"

然友反命。世子曰："然；是诚在我。"

五月居庐⑯，未有命戒。百官族人可，谓曰知。及至葬，四方来观之，颜色之戚，哭泣之哀，吊者大悦。

【注释】

①滕定公：滕文公的父亲。

②薨：死。古代称侯王死叫“薨”，唐代以后用于指二品以上官员死。

③然友：人名，太子的老师。

④大故：重大的事故，指大丧、凶灾之类。

⑤之：至，到。邹与滕相距只有四十余里，所以可以问后行事。

⑥自尽：尽自己最大的心力。

⑦曾子曰：这几句话在《论语·为政》中是孔子对樊迟说的。

⑧三年之丧：指子女为父母、臣下为君主守孝三年。

⑨齐疏之服：用粗布做的缝边的丧服。齐，指衣服缝边。古代丧服叫作衰，不缝衣边的叫“斩衰”，缝衣边的叫“齐衰”。

⑩馇：稠粥。粥：稀粥。这里是偏义复词，指稀粥。

⑪宗国：鲁、滕诸国的始封祖都是周文王的儿子，而周公封鲁，于行辈较长，所以其余姬姓诸国都以鲁为宗国。

⑫《志》：记国家世系等的一种书。

⑬冢宰：官名。在君王居丧期间代理朝政。

⑭歠：饮。

⑮君子之德………必偃：这几句出自《论语·颜渊》篇孔子的话。“尚”与“上”同；偃，倒下。

⑯五月居庐：居住在丧庐中五个月。

【译文】

滕定公死了，太子对老师然友说：“上次在宋国的时候孟子和我谈了许多，我记在心里久久不忘。今天不幸父亲去世，我想请您先去请教孟子，然后才办丧事。”

然友便到邹国去向孟子请教。

孟子说："好得很啊！父母的丧事本来就应该尽心竭力。曾子说：'父母活着的时候，依照礼节侍奉他们；父母去世，依照礼节安葬他们，依照礼节祭扫他们，就可以叫作孝了。'诸侯的礼节，我不曾专门学过，但却也听说过。三年的丧期，穿着粗布做的孝服，喝稀粥。从天子一直到老百姓，夏、商、周三代都是这样的。"

然友回国报告了太子，太子便决定实行三年的丧礼。滕国的父老官吏都不愿意。他们说："我们的宗国鲁国的历代君主没有这样实行过，我们自己的历代祖先也没有这样实行过，到了您这一代便改变祖先的做法，这是不应该的。而且《志》上说过：'丧礼祭祖一律依照祖先的规矩。'还说：'道理就在于我们有所继承。'"

太子对然友说："我过去不曾做过什么学问，只喜欢跑马舞剑。现在父老官吏们都对我实行三年丧礼不满，恐怕我处理不好这件大事，请您再去替我问问孟子吧！"

然友再次到邹国请教孟子。孟子说："要坚持这样做，不可以改变。孔子说过：'君王死了，太子把一切政务都交给家事代理，自己每天喝稀粥。脸色深黑，就临孝子之位便哭泣，大小官吏没有谁敢不悲哀，这是因为太子亲自带头的缘故。'在上位的人有什么喜好，下面的人一定就会喜好得更厉害。领导人的德行是风，老百姓的德行是草。草受风吹，必然随风倒。所以，这件事完全取决于太子。"

然友回国报告了太子。

太子说："是啊，这件事确实取决于我。"

于是太子在丧庐中住了五个月，没有颁布过任何命令和禁令。大小官吏和同族的人都很赞成，认为太子知礼。等到下葬的那一天，四面八方的人都来观看，太子面容的悲伤，哭泣的哀痛，使前来吊丧的人都非常满意。

第三章

【原文】

有为神农之言[1]者许行[2]，自楚之滕，踵[3]门而告文公曰：“远方之人闻君行仁政，愿受一廛而为氓[4]。”

文公与之处。

其徒数十人，皆衣褐，捆屦，织席以为食[5]。

陈良之徒陈相与其弟辛[6]负耒耜而自宋之滕，曰：“闻君行圣人之政，是亦圣人也，愿为圣人氓。”

陈相见许行而大悦，尽弃其学而学焉。

陈相见孟子，道许行之言曰：“滕君则诚贤君也。虽然，未闻道也。贤者与民并耕而食，饔飧[7]而治。今也滕有仓廪府库，则是厉[8]民而以自养也，恶得贤？”

孟子曰：“许子必种粟而后食乎？”

曰：“然。”

“许子必织布而后衣乎？”

曰：“否，许子衣褐。”

“许子冠乎？”

曰：“冠。”

曰：“奚冠？”

曰：“冠素。”

曰：“自织之与？”

曰：“否，以粟易之。”

曰：“许子奚为不自织？”

曰：“害于耕。”

曰：“许子以釜甑爨[9]，以铁[10]耕乎？”

曰：“然。”“自为之与？”

曰：“否，以粟易之。”

“以粟易械器者，不为厉陶冶；陶冶亦以其械器易粟者，岂为厉农夫哉？且许子何不为陶冶，舍[11]皆取诸其宫中[12]而用之？何为纷纷然与百工交易？何许子之不惮烦？”

曰：“百工之事固不可耕且为也。”

“然则治天下独可耕且为与？有大人[13]之事，有小人之事。

且一人之身，而百工之所为备，如必自为而后用之，是率天下而路[14]也。故曰，或劳心，或劳力；劳心者治人，劳力者治于人；治于人者食人，治人者食于人，天下之通义也。

“当尧之时，天下犹未平，洪水横流，泛滥于天下，草水畅茂，禽兽繁殖，五谷不登，禽兽偪人，兽蹄鸟迹之道交于中国。尧独忧之，举舜而敷[15]治焉。舜使益掌火，益烈山泽而焚之，禽兽逃匿。禹疏九河，瀹济、漯[16]而注诸海，决汝、汉，排淮、泗而注之江，然后中国得而食也。当是时也，禹八年于外，三过其门而不入，虽欲耕，得乎？

“后稷[17]教民稼穑，树艺[18]五谷；五谷熟而民人育。人之内道也，饱食、暖衣、逸居而无教，则近于禽兽。圣人有忧之，使契[19]为司徒，教以人伦：父子有亲，君臣有义，夫妇有别，长幼有叙，朋友有信。放勋[20]曰：‘劳之来之[21]，匡之直之，辅之翼之，使自得之，又从而振德之。’圣人之忧民如此，而暇耕乎？

“尧以不得舜为己忧，舜以不得禹、皋陶[22]为己忧。夫以百亩之不易[23]为己忧者，农夫也。分人以财谓之惠，教人以善谓之忠，为天下得人者谓之仁。是故以天下与人易，为天下得人难。孔子曰：‘大哉尧之为君！惟天为大，惟尧则之，荡荡乎民无能名焉！君哉舜也！巍巍乎有天下而不与焉！’尧舜之治天下，岂无所用其心哉？亦不用于耕耳。

“吾闻用夏变夷者，未闻变于夷者也。陈良，楚产也，悦周公、仲尼之道，北学于中国。北方之学者，未能或之先也。彼所谓豪杰之士也。子之兄弟事之数十年，师死而遂倍[24]之！昔者孔子没，三年之外，门人治任[25]将归，人揖于子贡，相向而哭，皆失声，然后归。子贡反，筑室于埸，独居三年，然后归。他日，子夏、子张、子游以有若似圣人，欲以所事孔子事之，强曾子。曾子曰：‘不可，江汉以濯之，秋阳以暴[26]之，皜皜[27]乎不可尚已。’今也南蛮鴃[28]舌之人，非先王之道，子倍子之师而学之，亦异于曾子矣。吾闻出于幽谷迁于乔木者，未闻下乔木而入于幽谷者。《鲁颂》曰：‘戎狄是膺，荆舒是惩[29]。’周公方且膺之，子是之学，亦为不善变矣。

“从许子之道，则市贾不贰[30]，国中无伪，虽使五尺之童[31]适市，莫之或欺。布帛长短同，则贾相若；麻缕丝絮轻重同，则贾相若；五谷多寡同，则贾相若；屦大小同，则贾相若。”

曰：“夫物之不齐，物之情也；或相倍蓰㉜，或相什百，或相千万。子比而同之，是乱天下也。巨屦小屦㉝同贾，人岂为之哉？从许子之道，相率而为伪者也，恶能治国家？”

【注释】

①神农之言：神农氏的学说。神农是上古传说中的人物，神农氏主要的功绩是教人从事农业生产，所以叫“神农”。春秋战国时期诸子百家多托古圣贤之名而标榜自己的学说。“农家”就假托为“神农之言”。

②许行：农家代表人物之一，生平不详。

③踵：至，到。

④廛：住房。氓：移民。

⑤衣褐，捆屦，织席以为食：穿粗麻衣，靠编草鞋，织草席谋生。衣，动词，穿；褐，粗麻短衣；屦，草鞋。

⑥陈良：楚国的儒士。陈相、陈辛：都是陈良的学生。

⑦饔飧：饔：早餐；飧：晚餐。

⑧厉：病。

⑨釜：金属制的锅；甑：用瓦做的茶饭器；爨：烧火做饭。

⑩铁：指用铁做的农具。

⑪舍：相当于方一言“啥”，即什么东西、一切东西的意思。

⑫宫中：家中。古代住宅无论贵贱都可以叫“宫”，秦汉以后才专指帝王所居为宫。

⑬大人：这里指有地位的人，与下文“小人”相对。

⑭路：指奔波、劳累。

⑮敷：遍。

⑯瀹济漯：瀹：疏导。济漯：济水和漯水。

⑰后稷：相传为周的始祖，名弃，尧帝时为农师。

⑱树艺：种植。

⑲契：人名，相传是殷的祖先，姓子，尧帝时任司徒。

⑳放勋：尧的称号，放是大，勋是功劳，原本是史官的赞誉之辞，后来成为尧的称号。

㉑劳之来之：劳、来都读为去声，劝勉，慰劳。

㉒皋陶：人名，相传为虞舜时的司法官。

㉓易：治。

㉔倍：同“背”，背叛。

㉕治任：准备行李。治，整治；任，负担。

㉖秋阳以暴：秋阳，周历七八月相当于夏历五六月，所以这里所说的秋阳实际相当于今天的夏阳。暴，同“曝”，晒。

㉗皜皜：光明洁白的样子。

㉘鴃：伯劳鸟。

㉙戎狄膺，荆舒是惩：引自《诗经·鲁颂·闷宫》。膺，击退；惩，抵御；戎狄是北方的异族；荆、舒是南方的异族。

㉚市贾不贰：贾通“价”；不贰，没有两样。

㉛五尺之重：古代尺寸短，五尺相当于现在三尺多一点。

㉜倍蓰：倍，一倍；蓰，五倍。后文的什、百、千、万都是指倍数。

㉝巨屦小屦：粗糙的草鞋与精致的草鞋。

【译文】

有一个奉行神农氏学说名叫许行的人从楚国到滕国拜见滕文公说："我这个从远方来的人听说您施行仁政，希望得到一所住处，成为您的百姓。"

滕文公给了他住处。

许行的门徒有几十个人，都穿着粗麻衣服，靠打草鞋织席子谋生。

陈良的门徒陈相和他弟弟陈辛背着农具从宋国来到滕国，也进见滕文公说："听说您施行圣人的政治，那么，您也是圣人了，我们都愿意做圣人的百姓。"

陈相见到许行后非常高兴，完全抛弃了自己以前所学的而改学许行的学说。

陈相有一天去拜访孟子，转述许行的话说："滕君的确是个贤明的君主，不过，他还没有掌握真正的治国之道。贤人治国应该和老百姓一道耕种而食，一道亲自做饭。现在滕国却有储藏粮食的仓库，存放财物的仓库，这是损害老百姓来奉养自己，怎么能够叫作贤明呢？”

孟子说：“许先生一定要自己种庄稼才吃饭吗？”

陈相回答说：“对。”

“许先生一定要自己织布然后才穿衣吗？”

回答说：“不，许先生只穿粗麻衣服。”

“许先生戴帽子吗？”

回答说：“戴。”

孟子问：“戴什么帽子呢？”

回答说：“戴白帽子。”

孟子问：“他自己织的吗？”

回答说：“不是，是用粮食换来的。”

孟子问：“许先生为什么不自己织呢？”

回答说：“因为怕误了农活。”

孟子问：“许先生用锅和甑做饭，用铁器耕种吗？”

回答说：“是的。”

“他自己做的吗？”

回答说："不是，是用粮食换的。"

孟子于是说："农夫用粮食换取锅、瓶和农具，不能说是损害了瓦匠铁匠。那么，瓦匠和铁匠用器皿和农具换取粮食，难道就能够说是损害了农夫吗？而且，许先生为什么不自己烧窑冶铁做成锅、甑和各种农具，什么东西都放在家里随时取用呢？为什么要一件一件地去和各种工匠交换呢？为什么许先生这样不怕麻烦呢？"

陈相回答说："各种工匠的事情当然不是可以一边耕种一边同时干得了的。"

"那么治理国家就偏偏可以一边耕种一边治理了吗？官吏有官吏的事，百姓有百姓的事。况且，每一个人所需要的生活资料都要靠各种工匠的产品才能齐备，如果都一定要自己亲手做成才能使用，那就是率领天下的人疲于奔命。所以说：有的人脑力劳动，有的人体力劳动；脑力劳动者统治人，体力劳动者被人统治；被统治者养活别人，统治者靠别人养活。这是通行天下的原则。

“在尧那个时代，天下还未太平，洪水成灾，四处泛滥；草木无限制生长，禽兽大量繁殖，谷物没有收成，飞禽走兽危害人类，到处都是它们的踪迹。尧为此而非常担忧，选拔舜出来全面治理。舜派益掌管用火烧，益便用烈火焚烧山野沼泽的草木，飞禽走兽于是四散而逃。大禹疏通九条河道，治理济水、源水，引流入海；挖掘汝水、汉水，疏通淮水、泗水，引流进入长江。这样中原才可以进行农业耕种。当时，禹八年在外，三次经过自己的家门前都不进去，即便他想亲自种地，行吗？

“后稷教老百姓耕种收获，栽培五谷，五谷成熟了才能够养育百姓。人之所以为人，吃饱了，穿暖了，住得安逸了，如果没有教养，那就和禽兽差不多。圣人又为此而担忧，派契做司徒，用人与人之间应有的伦常关系和道理来教育百姓父子之间有骨肉之亲，君臣之间有礼义之道，夫妻之间有内外之别，老少之间有尊卑之序，朋友之间有诚信之德。尧说道：‘慰劳他们，安抚他们，开导他们，纠正他们，辅助他们，保护他们，使他们创所，再进一步提高他们的品德。’圣人为老百姓考虑得如此，难道还有时间来亲自耕种吗?

“尧把得不到舜这样的人作为自己的忧虑，舜把得不到禹和陶这样的人作为自己的忧虑。那些把耕种不好田地作为自己忧虑的，是农夫。把钱财分给别人叫作惠，把好的道理教给别人叫作忠，为天下发现人才叫作仁。所以把天下让给人容易，为天下发现人才却很难。孔子说：‘尧做天子真是伟大！只有天最伟大，只有尧能够效法天，他的圣德无边无际，老百姓找不到恰当的词语来赞美他！舜也是了不得的天子！虽然有了这样广阔的天下，自己却并不占有它！’尧和舜治理天下，难道不用心思吗？只不过用在耕田种地上罢了。

“我只听说过用中原的一切来改变边远落后地区的，没有听说过用边远落后地区的一切来改变中原的。陈良本来是楚国的人，喜爱周公、孔子的学说，由南而北来到中原学习。北方的学者还没有人能够超过他。他可以称得上是豪杰之士了。你们兄弟跟随他学习几十年，他一死，你们就背叛了他！以前孔子死的时候，门徒们都为他守孝三年，三年以后，大家才收拾行李准备回家。临走的时候，都去向子贡行礼告别，相对而哭，泣不成声，然后才离开。子贡又回到孔子的墓地重新筑屋，独自守墓三年，然后才离开。后来，子夏、子张、子游认为有若有点像孔子，便想用尊敬孔子的礼来尊敬他，他们希望曾子也同意。曾子说：‘不可以。就像曾经用江汉的水清洗过，又在夏天的太阳下曝晒过，洁白无瑕。我们的老师是没有谁还能够相比的。’如今这个怪腔怪调的南方人，说话诽谤先王的圣贤之道，你们却背叛自己的老师而向他学习，这和曾子的态度恰恰相反。我只听说过从幽暗的山沟飞出来迁往高大的树木的，从没听说过从高大的树木飞下来迁往阴暗的山沟的。《鲁颂》说：‘攻击北方的戎狄，惩罚南方的荆舒。’周公尚且要攻击楚国这样的南方人，你们却去向他学习，这简直是越变越坏了啊。”

陈相说："如果听从许先生的学说，市场价格就会统一，人人没有欺诈，就是打发一个小孩子去市场，也不会被欺骗。布匹丝绸的长短一样，价格也就一样；麻线丝帛的轻重一样，价格也就一样；五谷的多少一样，价格也就一样；鞋子的大小一样，价格也就一样。"

孟子说："各种东西的质量和价格不一样，这是很自然的，有的相差一倍五倍，有的相差十倍百倍，有的甚至相差千倍万倍。您想让它们完全一样，只是搞乱天下罢了。一双粗糙的鞋子与一双精致的鞋子价格完全一样，人们难道会同意吗？听从许先生的学说，是率领大家走向虚伪，怎么能够治理好国家呢？"

滕文公下

第一章

【原文】

陈代[①]曰："不见诸侯，宜若小然；今一见之，大则以王，小则以霸。且《志》曰：'枉尺而直寻[②]'，宜若可为也。"

孟子曰："昔齐景公田[③]，招虞人以旌[④]，不至，将杀之。志士不忘[⑤]在沟壑，勇士不忘丧其元[⑥]。孔子奚取焉？取非其招不往也。如不待其招而往，何哉？且夫枉尺而直寻者，以利言也。如以利，则枉寻直尺而利，亦可为与？昔者赵简子[⑦]使王良[⑧]与嬖奚[⑨]乘，终日而不获一禽。嬖奚反命[⑩]曰：'天下之贱工也。'或以告王良。良曰：'请复之。'强而后可，一朝而获十禽。嬖奚反命曰：'天下之良工也。'简子曰：'我使掌与女乘。'谓王良。良不可，曰：'吾为之范我驰驱[⑪]，终日不获一；为之诡遇[⑫]，一朝而获十。《诗》云：不失其驰，舍矢如破[⑬]。我不贯[14]与小人乘，请辞。’御者且羞与射者比[15]；比而得禽兽，虽若丘陵，弗为也。如枉道而从彼，何也？且子过矣！枉己者，未有能直人者也。”

【注释】

①陈代：孟子的学生。

②枉：屈。寻：八尺为一寻。

③田：打猎。

④招虞人以旌：虞人，狩猎场的小官。古代君王有所召唤，一定要有相应的标志，旌旗是召唤大夫的，弓是召唤士的，若是召唤虞人，只能用皮冠。所以这个虞人不理睬齐景公用旌旗的召唤。《左传·昭公二十年》曾经载过这一件事，孔子并对这个虞人有所称赞，所以下文孟子说到“孔子奚取焉”。

⑤不忘：不忘本来是常常想到的意思，虽然常常想到自己“在沟壑”和“丧其元”的结局，但并不因此而贪生怕死。所以，这里的“不忘”也可以直接理解为“不怕”。

⑥元：首，脑袋。

⑦赵简子：名鞅，晋国大夫。

⑧王良：春秋末年著名的善于驾车的人。

⑨嬖奚：一个名叫奚的受宠的小臣。

⑩反命：复命。反同“返”。

⑪范我驰驱：使我的驱驰规范。“范”在这里作动词，使……规范。

⑫诡遇：不按规范驾车。

⑬不失其驰，舍矢如破：引自《诗经·小雅·车攻》。意为按规范驾车，箭放出就能射中目标。

⑭贯：同“惯”，习惯。

⑮比：合作。

【译文】

陈代说：“不去拜见诸侯，似乎只是拘泥于小节吧。如今一去拜见诸侯，大则可以实施仁政，使天下归服；小则可以称霸诸侯。况且《志》书上说：‘弯曲着一尺长，伸展开来八尺长。’似乎是可以这样以屈求伸的罢。”

孟子说：“从前齐景公打猎，用旌旗召唤猎场的管理员，那管理员因为他召唤的方式不对而不予理睬。齐景公想杀了他，他却一点也不怕。因而受到孔子的称赞。所以，有志之士不怕弃尸山沟，勇敢的人不怕丢掉脑袋。孔子认为那猎场管理员哪一点可取呢？就是取他因召唤不当就不去的精神。如果我不等到诸侯的召唤就自己上门去，是为了什么呢？况且，所谓弯曲着一尺长，伸展开来八尺长的说法，是从利益的角度来考虑问题的。如果从利益的角度来考虑问题，就是弯曲着八尺长，伸展开一尺，那也是有利益的啊，难道也可以吗？从前赵简子命令王良为他所宠爱的名叫奚的小臣驾车去打猎，整整一天没有打着一只猎物。那奚回去后向赵简子报告说：‘王良真是天下最不会驾车的人了！’有人把这话告诉了王良。王良便对奚说：‘请让我再为您驾一次车。’奚勉强同意了，结果一个清晨就打了十只猎物。奚回去后又向赵简子报告说：‘王良真是天下最会驾车的人啊！’赵简子说：‘我让他专门为你驾车吧。’当赵简子征求王良的意见时，王良却不肯干了。他说：‘我按规范为他驾车，他一整天都打不到一只猎物；我不按规范为他驾车，他却一个清晨就打了十只猎物。《诗经》说：按照规范驾车去，箭一放出就中的。我不习惯为他这样的小人驾车，请您让我辞去这个差事。’驾车的人尚且羞于与不好的射手合作，即便合作可以打到堆积如山的猎物也不干。如果我现在却扭曲自己去追随那些诸侯，那又是为了什么呢？况且，你的看法是错误的：扭曲自己，是不可能让别人正直的。”

第二章

【原文】

景春[①]曰："公孙衍[②]、张仪[②]岂不诚大丈夫哉？一怒而诸侯惧，安居而天下熄[④]"

孟子曰："是焉得为大丈夫乎？子未学礼乎？丈夫之冠也，父命之[⑤]；女子之嫁也，母命之，往送之门，戒之曰：'往之女家，必敬必戒，无违夫子！'以顺为正者，妾妇之道也。居天下之广居，立天下之正位，行天下之大道[⑥]；得志，与民由之；不得志，独行其道。富贵不能淫，贫贱不能移，威武不能屈，此之谓大丈夫。"

【注释】

①景春：人名，纵横家的信徒。

②公孙衍：人名，即魏国人犀首，著名的说客。

③张仪：魏国人，与苏秦同为纵横家的主要代表。致力于游以连横去服从秦国，与苏泰“合纵”相对。

④熄：指战火熄灭，天下太平。

⑤丈夫之冠也，父命之：古代男子到二十岁叫作成年，行加冠礼，父亲开导他。

⑥广居、正位、大道：朱熹注释为：广居，仁也；正位，礼也；大道，义也。

【译文】

景春说：“公孙衍和张仪难道不是真正的大丈夫吗？发起怒来，诸侯们都会害怕；安静下来，天下就会平安无事。”

孟子说："这个怎么能够叫大丈夫呢？你没有学过礼吗？男子举行加冠礼的时候，父亲给予训导；女子出嫁的时候，母亲给予训导，送她到门口，告诫她说：'到了你丈夫家里，一定要恭敬。一定要谨慎，不要违背你的丈夫！'以顺从为原则的，是妾妇之道。至于大丈夫，则应该住在天下最宽广的住宅里，站在天下最正确的位置上，走着天下最光明的大道。得志的时候，便与老百姓一同前进；不得志的时候，便独自坚持自己的原则。富贵不能使我骄奢淫逸，贫贱不能使我改移节操，威武不能使我屈服意志。这样才叫作大丈夫！"

第三章

【原文】

曰[①]："丈夫生而愿为之有室，女子生而愿为之有家。父母之心，人皆有之。不待父母之命、媒妁[②]之言，钻穴隙相窥，逾墙相从，则父母国人皆贱之。古之人未尝不欲仕也，又恶不由其道。不由其道而往者，与钻穴隙之类也。"

【注释】

①本段系节选孟子与魏国人周霄的对话。“曰”指“孟子曰”。

②媒妁：媒人，介绍婚姻的人。

【译文】

孟子说：“男孩子一生下来，父母便希望给他找一个好的妻室，女孩子一生下来，父母便希望给好找一个好的婆家。父母这样的心情，人人都有。但是，如果不等父母的安排，媒人的介绍，就自己钻洞扒缝互相偷看，甚至翻墙私会，那就要受到父母和社会上其他人的鄙视。同样的道理。古代人不是不想做官，只不过厌恶不经过正当途径去做官。不经过正当途径去做官，与男女之间钻洞扒缝的行为是一样的。”

第四章

【原文】

彭更[1]问曰："后车数十乘，从者数百人，以传食[2]于诸侯，不以泰[3]乎？"

孟子曰："非其道，则一箪食不可受于人；如其道，则舜受尧之天下，不以为泰子以为泰乎？"

曰："否。士无事而食，不可也。"

曰："子不通功易事[4]，以羡[5]补不足，则农有馀粟，女有馀布。子如通之，则梓匠轮舆[6]皆得食于子。于此有人焉，入则孝，出则悌，守先王之道，以待[7]后之学者，而不得食于子。子何尊梓匠轮舆而轻为仁义者哉？"

曰："梓匠轮舆，其志将以求食也；君子之为道也，其志亦将以求食与？"

曰："子何以其志为哉？其有功于子，可食而食之矣。且子食志乎？食功乎？”

曰：“食志。”

曰：“有人于此，毁瓦画墁[8]，其志将以求食也，则子食之乎？”

曰：“否”

曰：“然则子非食志也，食功也。”

【注释】

①彭更：人名，孟子的学生。

②传食：指住在诸侯的驿舍（宾馆）里接受饮食。传，驿舍，相当于今天的宾馆。

③泰：同“太”，过分。

④通功易事：交流成果，交换物资。

⑤羡：余，多余。

⑥梓匠轮舆：梓人、匠人指木工；轮人、舆人指制造车轮和车厢的工人。

⑦待：同“持”，扶持。

⑧墁：本义为粉刷墙壁的工具，这里指新粉刷过的墙壁。

【译文】

彭更问道：“跟在身后的车几十辆，跟随的人几百个，从这个诸侯国吃到那个诸侯国，不是太过分了吗？”

孟子说：“如果不正当，就是一篮子饭也不能够接受；如果正当，就是像舜那样接受了尧的天下也不过分。你说过分吗？”

彭更说：“不，我不是这个意思。我是觉得，读书人不劳动而白吃饭，是不对的。”

孟子说：“你如果不互通有无，交换各行各业的产品，用多余的来补充不足，就会使农民有多余的粮食没人吃，妇女有多余的布没人穿。你如果互通有无，那么，木匠车工都可以从你那里得到吃的。比如说这里有一个人，在家孝顺父母，出门尊敬长辈，奉行先王的圣贤学说，来培养后代的学者，却不能从你那里得到吃的。你怎么可以尊重木匠车工却轻视奉行仁义道德的人呢？”

彭更说：“木匠车工，他们干活的动机就是为了求饭吃。读书人研究学问，其动机也是为了求饭吃吗？”

孟子说：“你为什么以他们的动机来看问题呢？

只要他们对你有成绩，应该给他们吃的，那就给他们吃的罢了。况且，你是论动机给他们吃的呢？还是论功绩给他们吃的呢？”

彭更说：“论动机。”

孟子说：“比如这里有一个人，把屋瓦打碎，在新刷好的墙壁上乱画，但他这样做的动机是为了弄到吃的，你给他吃的吗？”

彭更说：“不。”

孟子说：“那么，你不是论动机，而是论功绩了。”

第五章

【原文】

孟子谓戴不胜[①]曰："子欲子之王之[②]善与？我明告子。有楚大夫于此，欲其子之齐语也，则使齐人傅诸？使楚人傅诸？"

曰："使齐人傅之。"

曰："一齐人傅之，众楚人咻[③]之，虽日挞而求其齐也，不可得矣；引而置之庄岳[④]之间数年，虽日挞而求其楚，亦不可得矣。子谓薛居州，善士也，使之居于王所。在于王所者，长幼卑尊皆薛居州也，王谁与为不善？在王所者，长幼卑尊皆非薛居州也，王谁与为善？一薛居州，独如宋王何？"

【注释】

①戴不胜：人名，宋国大臣。

②之：动词，向，往，到。

③咻：喧哗干扰。

④庄岳：齐国的街里名。庄，街名；岳，里名。

【译文】

孟子对戴不胜说："你希望你的君王向善吗？我明白告诉你吧。比如说有一位楚国的大夫，希望他的儿子学会说齐国话，是找齐国的人来教他好呢？还是找楚国的人来教他好？"戴不胜说："找齐国人来教他好。"

孟子说："如果一个齐国人来教他，却有许多楚国人在他周围讲楚国话来干扰他，即使你每天鞭打他，要求他说齐国话，那也是不可能的。反之，如果把他带到齐国去，住在齐国的某个街市比方说名叫庄岳的地方，在那里生活几年，那么，即使你每天鞭打他，要求他说楚国话，那也是不可能的了。你说薛居州是个好人，要他住在王宫中。如果在王宫中的人，无论年龄大小还是地位高低都是像薛居州那样的好人，那君王和谁去做坏事呢？相反，如果在王宫中的人，无论年龄大小还是地位高低都不是像薛居州那样的好人，那君王又和谁去做好事呢？单单一个薛居州能把宋王怎么样呢？”

第六章

【原文】

公孙丑问曰："不见诸侯，何义？"

孟子曰："古者不为臣不见。段干木[1]裔垣而辟[2]之，泄柳闭门而不纳[3]，是皆已甚；迫，斯可以见矣。阳货欲见孔子[4]而恶无礼，大夫有赐于士，不得受于其家，则往拜其门。阳货瞰[5]孔子之亡也，而馈孔子蒸豚；孔子亦瞰其亡也，而往拜之。当是时，阳货先，岂得不见？曾子曰：'胁肩谄笑，病于夏畦[6]。'子路曰：'未同而言，观其色赧赧然，非由之所知也。'由是观之，则君子之所养，可知已矣。"

【注释】

①段干木：姓段干，名木，晋国人，清高而不屑为官。魏文侯去拜访他，他却翻墙逃走不见。

②辟：同“避”。

③泄柳：人名，鲁穆公时人。办同“纳”。

④阳货欲见孔子：事见《论语·阳货》。“见”在这里作使动用法，是阳货想让孔子来拜见他的意思。

⑤瞰：窥视。

⑥胁肩谄笑，病于夏畦：胁肩，耸起肩头，故作恭敬的样子。胁肩谄笑形容逢迎谄媚的丑态。畦：本指菜地间划分的行列，这里作动词用，指在菜地里劳动。

【译文】

公孙丑问道：“不主动去拜见诸侯是什么道理？”

孟子说：“在古代，一个人如果不是诸侯的臣属便不去拜见。段干木跳墙躲避魏文侯，泄柳闭门不接待鲁穆公，这些都做得过分了。迫不得已时，见还是应该见的。从前阳货想要孔子去拜见他，又厌恶别人说他不懂礼仪。大夫如果对士人有所赏赐，士人没有在家亲自接受的话，就得上大夫家去拜谢。于是，阳货便趁孔子不在家的时候，给孔子送去一只蒸乳猪。孔子也打听到阳货不在家时，前去拜谢。当时，要是阳货真心诚意地先去看孔子，孔子难道不去拜见他吗？曾子说：'耸起两个肩头，做出一副讨好人的笑脸，这真比顶着夏天的毒日头在菜地里干活还要令人难受啊！'子路说：'分明不愿意和那人谈话，却要勉强去谈，脸上还做出羞惭的样子，这种人不是我所能够理解的。'这样看来，君子是怎样修养自己的，就可以知道了。"

第七章

【原文】

戴盈之[①]曰："什一，去关市之征，今兹[②]未能，请轻之，以待来年，然后已，何如？"

孟子曰："今有人日攘[③]其邻之鸡者，或告之曰：'是非君子之道！'曰：'请损之，月攘一鸡，以待来年，然后已。'如知其非义，斯速已矣，何待来年？"

【注释】

①戴盈之：人名，宋国大夫。

②兹：年。

③攘；偷。

【译文】

戴盈之说：“税率十分抽一，免除关卡和市场的征税，今年内还办不到，请让我们先减轻一些，等到明年再彻底实行，怎么样？”

孟子说：“现在有一个人每天偷邻居家的一只鸡，有人告诫他说：‘这不是正派人的行为！’他便说：‘请让我先减少一些，每月偷一只，等到明年再彻底洗手不干。’如果知道这种行为不合于道义，就应该赶快停止，为什么要等到明年呢？”

第八章

【原文】

匡章[①]曰："陈仲子[②]岂不诚廉士哉？居於陵[③]，三日不食，耳无闻，目无见也。井上有李，螬食实者过半矣[④]，匍匐往，将食之[⑤]，三咽，然后耳有闻，目有见。"

孟子曰："于齐国之士，吾必以仲子为巨擘[⑥]焉。虽然，仲子恶能廉？充仲子之操，则蚓而后可者也。夫蚓，上食槁壤，下饮黄泉。仲子所居之室，伯夷之所筑与？抑亦盗跖[⑦]之所筑与？所食之粟，伯夷之所树与？抑亦盗跖之所树与？是未可知也。"

曰："是何伤哉？彼身织屦，妻辟纑[⑧]，以易之也。"

曰："仲子，齐之世家也，兄戴，盖[⑨]禄万钟。以兄之禄为不义之禄而不食也，以兄之室为不义之室而不居也，辟兄离母，处于於陵。他日归，则有馈其兄生鹅者，己频顣[⑩]曰：'恶用是鶂鶂[11]者为哉？’他日，其母杀是鹅也，与之食之。其兄自外至，曰：‘是鶂鶂之肉也！’出而哇[12]之。以母则不食，以妻则食之；以兄之室则弗居，以於陵则居之。是尚为能充其类也乎？若仲子者，蚓而后充其操者也。”

【注释】

①匡章：齐国名将，其言行见于《战国策·齐策、燕策》和《吕氏春秋·不屈、爱类》。

②陈仲子：齐国人，又称田仲、陈仲、於陵仲子等。

③於陵：地名，在今山东长山县南，距临淄约二百里。

④螬：即蛴螬，俗称“地蚕”“大蚕”，是金龟子的幼虫。

⑤将：拿。取。

⑥巨擘：大拇指，引申为在某一方面杰出的人或事物。

⑦盗跖：所说是春秋时有名的大盗，柳下惠的兄弟。

⑧辟纑：绩麻练麻。绩麻为辟，练麻为纑。

⑨盖：地名，是陈戴的封邑。

⑩频顣：即颦蹙，不愉快的样子。

⑪鶂鶂：鹅叫声。

⑫哇：吐。

【译文】

匡章说："陈仲子难道不是一个真正廉洁的人吗？住在於陵这个地方，三天没有吃东西，耳朵没有了听觉，眼睛没有了视觉。井上有个李子，金龟子的幼虫已经吃掉了一大半，他爬过去，拿过来吃，吞了三口，耳朵才恢复了听觉，眼睛才恢复了视觉。"

孟子说："在齐国人中间，我一定把仲子看成大拇指。但是，他怎么能叫作廉洁？要推广仲子的操守，那只有把人变成蚯蚓之后能办到。蚯蚓，在地面上吃干土，在地面下喝泉水。可仲子所住的房屋，是像伯夷那样廉洁的人所建筑的呢？还是像盗跖那样的强盗所建筑的呢？他所吃的粮食，是像伯夷那样廉洁的人所种植的呢？还是像盗路那样的强盗所种植的呢？这个还是不知道。"

匡章说："那有什么关系呢？他亲自编草鞋，他妻子绩麻练麻，用这些去交换其他生活用品。"

孟子说："仲子是齐国的宗族世家，他的哥哥陈戴在盖邑的俸禄便有几万石之多。可他却认为他哥哥的俸禄是不义之财而不去吃，认为他哥哥的住房是不义之产而不去住，避开哥哥，离开母亲，住在於陵这个地方。有一天他回家里去，正好看到有人送给他哥哥一只鹅，他皱着眉头说：'要这种呃呃叫的东西做什么呢？'过了几天，他母亲把那只鹅杀了给他吃，他的哥哥恰好从外面回来，看见后便说：'你吃的正是那呃呃叫的东西的肉啊！'他连忙跑出门去，'哇'的一声呕吐出来。母亲的食物不吃，却吃妻子的；哥哥的房屋不住，却住在於陵，这能够算是推广他的廉洁的操守吗？像他那样做，只有把人变成蚯蚓之后才能够办到。"

离娄上

第一章

【原文】

孟子曰："离娄[①]之明、公输子[②]之巧，不以规矩，不能成方圆；师旷[③]之聪，不以六律[④]，不能正五音[⑤]；尧、舜之道，不以仁政，不能平治天下。今有仁心仁闻[⑥]而民不被其泽，不可法于后世者，不行先王之道也。故曰，徒善不足以为政，徒法不能以自行。《诗》云：'不愆不忘，率由旧章[⑦]。'遵先王之法而过者，未之有也。圣人既竭目力焉，继之以规矩准绳，以为方员平直，不可胜用也；既竭耳力焉，继之以六律正五音，不可胜用也；既竭心思焉，继之以不忍人之政，而仁覆天下矣。故曰，为高必因丘陵，为下必因川泽；为政不因先王之道，可谓智乎？是以惟仁者宜在高位。不仁而在高位，是播其恶于众也。上无道揆[⑧]也，下无法守也，朝不信道，工不信度，君子犯义，小人犯刑，国之所存者幸也。故曰：城郭不完，兵甲不多，非国之灾也；田野不辟，货财不聚，非国之害也。上无礼，下无学，贼民兴，丧无日矣。《诗》曰：‘天之方蹶，无然泄泄[⑨]。’泄泄犹沓沓也。事君无义，进退无礼，言则非先王之道者，犹沓沓也。故曰：责难于君谓之恭，陈善闭邪谓之敬，吾君不能谓之贼。”

【注释】

①离娄：相传为黄帝时人，目力极强，能于百步之外望见秋毫之末。

②公输子：即公输班（“班”也被写成“般”“盘”），鲁国人，所以又叫鲁班，古代著名的巧匠。约生活于鲁定公或者哀公的时代，年岁比孔子小，比墨子大。事迹见于《礼记·檀弓》《战国策》《墨子》等书。

③师旷：春秋时晋国的乐师，古代极有名的音乐家。事迹见于《左传》《礼记》《国语》等。

④六律：中国古代将音律分为阴吕、阳律两部分，各有六种音，六律即阳律的六音，分别是太蔟、姑洗、蕤宾、夷则、无射、黄钟。

⑤五音：中国古代音阶名称，即宫、商、角、徵、羽，相当于简谱中的1、2、3、5、6这五音。

⑥闻：名声。

⑦不愆不忘，率由旧章：引自《诗经·大雅·假乐》。愆，过失；率，遵循。

⑧揆：度量。

⑨天之方蹶，无然泄泄：引自《诗经·大雅·板》。蹶，动；泄泄，多言，话多。

⑩非：诋毁。

【译文】

孟子说："即使有离娄那样好的视力，公输子那样好的技巧，如果不用圆规和曲尺，也不能准确地画出方形和圆形；即使有师旷那样好的辨音力，如果不用六律，也不能校正五音；即使有尧舜的学说，如果不实施仁政，也不能治理好天下。现在有些诸侯，虽然有仁爱的心和仁爱的名声，但老百姓却受不到他的恩泽，不能成为后世效法的楷模，这是因为他没有实施前代圣王的仁政的缘故。所以说，只有好心，不足以治理政治；只有好办法，才能够自己实行起来。《诗经》说：'不要偏高啊不要遗忘，一切遵循原来的规章。’遵循前代圣王的法度而犯错误的，是从来没有过的。圣人既用尽了目力，又用圆规、曲尺、水准、绳墨等来制作方的、圆的、平的、直的东西，那些东西便用之不尽了；圣人既用尽了听力，又用六律来校正五音，各种音阶也就运用无穷了；圣人既用尽了脑力，又施行不忍心别人受苦的仁政，他的仁爱之德便覆盖于天下了。所以说，筑高台一定要凭借山陵；挖深池一定要凭借山沟沼泽；如果执政不凭借前代圣王的办法，能够说是明智吗？所以只有仁慈的人才应该居于统治地位。如果不仁慈的人占据了统治地位，就会把他的恶行败德传播给老百姓。在上的没有道德规范，在下的人没有法规制度；朝廷不信道义，工匠不信尺度，官吏触犯义理，百姓触犯刑律。如此下去，国家还能生存就真是太侥幸了。所以说，城墙不坚固，武器不充足，这不是国家的灾难；田野没开垦，物资不富裕，这不是国家的祸害；如果在上位的人没有礼义，在下位的人没有教育，违法乱纪的人越来越多，国家也就快灭亡了。《诗经》说：‘上天正在降骚乱，不要多嘴又多言。’多嘴多言就是拖沓啰唆。侍奉君主不讲忠义，行为进退不讲礼仪，说话便诋毁前代圣王之道，这就是拖沓啰唆。所以说，用高标准来要求君王就叫作‘恭’，向君王出好主意而堵塞坏主意就叫作‘敬’，认为自己的君王不能行仁政就叫作‘贼’。”

第二章

【原文】

孟子曰："三代之得天下也以仁，其失天下也以不仁。国之所以废兴存亡者亦然。天子不仁，不保四海；诸侯不仁，不保社稷；卿大夫不仁，不保宗庙[①]；士庶人不仁，不保四体。今恶死亡而乐不仁，是犹恶醉而强[②]酒。"

【注释】

①宗庙：这里指采邑（封地），因为卿大夫先有采邑然后才有宗庙。

②强：勉强。

【译文】

孟子说："夏商周三代获得天下是由于仁，失去天下是由于不仁。诸侯国家的兴衰存亡也是由于同样的原因。天子不仁，不能够保有天下；诸侯不仁，不能够保住国家；卿大夫不仁，不能够保住祖庙；士人和平民百姓不仁，不能够保全身家性命。现在的人既害怕死亡却又乐于做不仁义的事，这就好像既害怕醉却又偏偏要拼命喝酒一样。"

第三章

【原文】

孟子曰：“爱人不亲，反其仁；治人不治，反其智；礼人不答，反其敬。行有不得者皆反求诸己，其身正而天下归之。《诗》云：‘永言配命，自求多福。’”

【译文】

孟子说："爱别人却得不到别人的亲近，那就应反问自己的仁爱是否不够；管理别人却不能够管理好，那就应反问自己的管理才智是否有问题；礼貌待人却得不到别人相应的礼貌，那应反问自己的礼貌是否到家。凡是行为得不到预期的效果，都应该反过来检查自己。自身行为端正了，天下的人自然就会归服。《诗经》说：'长久地与天命相配合，自己寻求更多的幸福。'"

第四章

【原文】

孟子曰："人有恒言，皆曰，'天下国家'。天下之本在国，国之本在家，家之本在身。"

【译文】

孟子说："人们有句口头语，都说'天下国家'。天下的基础是国，国的基础是家，家的基础是个人。"

第五章

【原文】

孟子曰："不仁者可与言哉？安其危而利其菑[①]，乐其所以亡者。不仁而可与言，则何亡国败家之有？有孺子歌曰：'沧浪[②]之水清兮，可以濯[③]我缨[④]；沧浪之水浊兮，可以濯我足。'孔子曰：'小子听之！清斯濯缨，浊斯濯足矣。自取之也。'夫人必自侮，然后人侮之；家必自毁，而后人毁之；国必自伐，而后人伐之。《太甲》曰[⑤]：'天作孽，犹可违；自作孽，不可活。'此之谓也。"

【注解】

①菑：同“灾”。

②沧浪：前人有多种解释。或认为是水名（汉水支流），或认为是地名（湖北均县北），或认为是指水的颜色（青苍色）。各种意思都不影响对原文的理解。

③濯：洗。

④缨：系帽子的丝带。

⑤《太甲》曰：《公孙丑上》已引过这句话，可参见。

【译文】

孟子说：“不仁义的人难道可以和他商议吗？他们对别人的危险心安理得，从别人的灾难中牟利，把导致国破家亡的事当作乐趣。不仁的人如果可以和他商议，那怎么会有国破家亡的事发生呢？从前有个小孩子唱道：‘沧浪的水清呀，可以洗我的帽缨；沧浪的水浊呀，可以洗我的双脚。’孔子听了说：‘弟子们听好了啊！水清就用来洗帽缨，水浊就用来洗双脚，这都是因为水自己造成的。’所以，一个人总是先有自取其辱的行为，别人才侮辱他；一个家庭总是先有自取毁坏的因素，别人才毁坏它；一个国家总是先有自取讨伐的原因，别人才讨伐它。《尚书·太甲》说：‘上天降下的灾害还可以逃避；自己造成的罪孽可就无处可逃了。’说的就是这个意思。”

第六章

【原文】

孟子曰："桀纣之失天下也，失其民也。失其民者，失其心也。得天下有道：得其民，斯得天下矣。得其民有道：得其心，斯得民矣。得其心有道：所欲与之聚之，所恶勿施尔也①。民之归仁也，犹水之就下、兽之走圹②也。故为渊驱鱼者，獭也；为丛驱爵③者，鹯④也；为汤武驱民者，桀与纣也。今天下之君有好仁者，则诸侯皆为之驱矣。虽欲无王，不可得已。今之欲王者，犹七年之病求三年之艾⑤也。苟为不畜，终身不得。苟不志于仁，终身忧辱，以陷于死亡。《诗》云：'其何能淑，载胥及溺⑥。'此之谓也。"

【注解】

①尔也：如此罢了。

②圹：同“旷”，旷野。

③爵：同“雀”。

④鹯：一种像鹞鹰的猛禽。

⑤艾：即陈艾，常用于灸病，存放时间越久，疗效越好。

⑥其何能淑，载胥及溺：引自《诗经·大雅·桑柔》。淑，善，好；载，句首语助词，无义；胥，相；及，与；溺，落水。

【译文】

孟子说：“桀和纣之所以失去天下，是因为失去了老百姓的支持。之所以失去老百姓的支持，是因为失去了民心。获得天下有办法：获得老百姓的支持，便可以获得天下。获得老百姓的支持有办法：获得民心，便可以获得老百姓的支持。获得民心也有办法：他们所希望的，就满足他们，他们所厌恶的，就不强加在他们身上。如此罢了。老百姓归服仁德，就像水往低处流，兽向旷野跑一样。所以，替深池把鱼赶来的是吃鱼的水獭；替森林把鸟雀赶来的是吃鸟雀的鹞鹰；替商汤王、周武王把老百姓赶来的是残害老百姓的夏桀和殷纣王。当今之世，如果有哪位诸侯喜好仁德，那么，其他诸侯都会替他把老百姓赶来。就是他不想统一天下，也会身不由己了。现在那些希望统一天下的人，就像害了七年的病需要用三年以上的陈艾来治疗一样，如果平常不栽培积蓄，终身都得不到。同样的道理，如果平常不立志行仁，终身都会忧患受辱，一直到陷入死亡的深渊。《诗经》说：‘那如何做得好，不过是相率落水罢了。’正是说的这个意思。”

第七章

【原文】

孟子曰："自暴[①]者，不可与有言也；自弃者，不可与有为也。言非[②]礼义，谓之自暴也。吾身不能居仁由义，谓之自弃也。仁，人之安宅也；义，人之正路也。旷安宅而弗居，舍正路而不由，哀哉！"

【注解】

①暴：损害，糟蹋。

②非：诋毁。

【译文】

孟子说："自己糟蹋自己的人，和他没有什么好说的；自己抛弃自己的人，和他没有什么好做的。出言诋毁礼义，叫作自己糟蹋自己。自认为不能居仁心，行正义，叫作自己抛弃自己。仁，是人类最安适的精神住宅；义，是人类最正确的光明大道。把最安适的住宅空起来不去住，把最正确的大道舍弃在一边不去走。这可真是悲哀啊！"

第八章

【原文】

孟子曰："道在迩[①]而求诸远，事在易而求诸难——人人亲其亲，长其长[②]，而天下平。"

【注解】

①迩：近。

②亲其亲，长其长：前一个“亲”和“长”作动词，后一个“亲”和“长”作名词，宾语。

【译文】

孟子说：“本来很近的路，却偏偏要跑老远去求；本来很容易的事，却偏偏要往难处去做：其实，只要人人都亲近自己的亲人，尊敬自己的长辈，天下就可以太平了。”

第九章

【原文】

孟子曰：“居下位而不获于上，民不可得而治也；获于上有道：不信于友，弗获于上矣；信于友有道：事亲弗悦，弗信于友矣；悦亲有道：反身不诚，不悦于亲矣；诚身有道：不明乎善，不诚其身矣。是故诚者，天之道也；思诚者，人之道也。至诚而不动者，未之有也；不诚，未有能动者也。”

【译文】

孟子说："在下位的人，如果得不到在上位的人的信任，就不可能治理好平民百姓。得到在上位的人的信任有办法：得不到朋友的信任就得不到在上位的人的信任；得到朋友的信任有办法：侍奉父母，不能够使父母高兴，就不能够得到朋友的信任；使父母高兴有办法：自己不真诚就不能够使父母高兴；使自己真诚有办法：不明白什么是善就不能够使自己真诚。所以，真诚是上天的原则，追求真诚是做人的原则。极端真诚而不能够使人感动的，是没有过的；不真诚是不能够感动人的。"

第十章

【原文】

孟子曰：“存①乎人者，莫良于眸子。眸子不能掩其恶。胸中正，则眸子瞭②焉；胸中不正，则眸子眊③焉。听其言也，观其眸子，人焉廋④哉？”

【注释】

①存：察。

②瞭：明。

③眊：不明，蒙眊。

④廋：藏匿。

【译文】

孟子说："观察一个人，再没有比观察他的眼睛更好的了。眼睛不能掩盖一个人的丑恶。心中光明正大，眼睛就明亮；心中不光明正大，眼睛就昏暗不明，躲躲闪闪。所以，听一个人说话的时候，注意观察他的眼睛，他的善恶真伪能往哪里隐藏呢？"

第十一章

【原文】

淳于髡[1]曰："男女授受不亲，礼与？"

孟子曰："礼也。"

曰："嫂溺，则援之以手乎？"

曰："嫂溺不援，是豺狼也。男女授受不亲，礼也；嫂溺，援之以手者，权[2]也。"

曰："今天下溺矣，夫子之不援，何也？"

曰："天下溺，援之以道；嫂溺，援之以手——子欲手援天下乎？"

【注释】

①淳于髡：齐国著名辩士，曾在齐威王、齐宣王和梁惠王的朝廷做官。事迹见于《战国策·齐策》《史记·孟荀列传》《史记·滑稽列传》等。

②权：本指秤锤，衡量轻重。引申为衡量轻重而变通处理，即变通之意。

【译文】

淳于髡问："男女之间不亲手递接东西，这是礼的规定吗？"

孟子说："是的。"

淳于髡又问："那么，假如嫂嫂掉在水里，小叔子用手去拉她吗？"

孟子说："嫂嫂掉在水里而不去拉，这简直是豺狼！男女之间不亲手递接东西，这是礼的规定；嫂嫂掉在水里，小叔子用手去拉她，这是通权达变。"

淳于髡说：“现在整个天下都掉在水里了，先生不去救援，这又是为什么呢？”

孟子说：“整个天下掉在水里了，要用‘道’去救援；嫂嫂掉在水里，用手去拉就可以了——您难道要我用手去救援天下吗？”

第十二章

【原文】

孟子曰："有不虞[1]之誉，有求全之毁。"

【注释】

①虞：预料。

【译文】

孟子说："有意料不到的赞誉，也有过分苛求的诋毁。"

第十三章

【原文】

孟了曰：“人之患在好为人师。”

【译文】

孟子说："人的毛病在于喜欢做别人的老师。"

第十四章

【原文】

孟子曰："不孝有三，无后为大。舜不告而娶，为无后也。君子以为犹告也。"

【译文】

孟子说："不孝的情况有三种，其中以没有后代的罪过为最大。舜没有禀告父母就娶妻，为的就是怕没有后代。所以，君子认为他虽然没有禀告，但实际上和禀告了一样。"

离娄下

第一章

【原文】

子产[①]听郑国之政，以其乘舆[②]济人于溱洧[③]。孟子曰：“惠而不知为政。岁十一月[④]，徒杠[⑤]成；十二月，舆梁[⑥]成，民未病涉也。君子平其政，行辟[⑦]人可也，焉得人人而济之？故为政者，每人而悦之，日亦不足矣。”

【注释】

①子产：名公孙侨，字子产，春秋时郑国的贤相。

②乘舆：指子产乘坐的车子。

③溱洧：两条河水的名称，会合于河南密县。

④十一月：周历十一月为夏历九月，下文十二月为夏历十月。

⑤徒杠：可供人徒步行走的小桥。

⑥舆梁：能通车马的大桥。

⑦辟：开辟，即开道的意思。

【译文】

子产主持郑国的政事时，曾经用自己乘的车去帮助人们渡过溱水和洧水。孟子评论说："这是小恩小惠的行为，并不懂得从政。如果他十一月修成走人的桥，十二月修成过车马的桥，老百姓就不会为渡河而发愁了。在上位的人只要把政事治理好，就是出门鸣锣开道都可以，怎么能够去帮助百姓一个一个地渡河呢？如果执政的人要去讨得每个人的欢心，那时间可就很不够用了。”

第二章

【原文】

孟子告齐宣王曰："君之视臣如手足，则臣视君如腹心；君之视臣如犬马，则臣视君如国人；君之视臣如土芥，则臣视君如寇雠。"

王曰："礼，为旧君有服[①]，何如斯可为服矣？"

曰："谏行言听，膏泽下于民；有故而去，则君使人导之出疆，又先于其所往；去三年不反，然后收其田里。此之谓三有礼焉。如此，则为之服矣。今也为臣，谏则不行，言则不听；膏泽不下于民；有故而去，则君搏执之，又极[②]之于其所往；去之日，遂收其田里。此之谓寇雠。寇雠，何服之有？"

【注释】

①为旧君有服：指离职的臣子为原先的君主服孝。

②极：穷困，这里作使动用法，意思是使其处境极端困难。

【译文】

孟子告诉齐宣王说："君主把臣下当手足，臣下就会把君主当腹心；君主把臣下当狗马，臣下就会把君主当一般不相干的人；君主把臣下当泥土草芥，臣下就会把君主当仇敌。"

齐宣王说："礼制规定，已经离职的臣下也应为过去的君主服孝。君主要怎样做才能使他们为他服孝呢？"

孟子说："臣下有劝谏，君主接受；臣下有建议，君主听从。政治上的恩惠下达到老百姓。臣下有什么原因不得不离去，君主打发人送他出国境，并派人先到臣下要去的地方做一番安排布置，离开了三年还不回来，才收回他的土地和房屋。这就叫作三有礼。这样做了，臣下就会为他服孝。如今做臣下的，劝谏，君王不接受；建议，君王不听从。政治上的恩惠到不了老百姓身上。臣下有什么原因不得不离去，君主把他捆绑起来，还想方设法使他到所去的地方穷困万分，离开的当天就收回他的土地和房屋。这种情况叫作仇敌。君臣之间像仇敌一样，还有什么孝可服呢？”

第三章

【原文】

孟子曰："中也养不中，才也养不才[1]，故人乐有贤父兄也。如中也弃不中，才也弃不才，则贤不肖之相去，其间不能以寸[2]。"

【注释】

①中：指无过无不及的中庸之道，代指品德好的人。养：培养、熏陶、教育。

②其间不能以才：省略了“以寸量”的“量”字。

【译文】

孟子说：“品德修养好的人教育熏陶品德修养不好的人；有才能的人教育熏陶没有才能的人，所以人人都乐于有好的父亲和兄长。如果品德修养好的人抛弃品德修养不好的人；有才能的人抛弃没有才能的人，那么，所谓好与不好之间的差别，也就相近得不能用寸来计量了。”

第四章

【原文】

孟子曰："人有不为也，而后可以有为。"

【译文】

孟子说："人要有所不为，然后才能有所为。"

第五章

【原文】

孟子曰：“言人之不善，当如后患何？”

【译文】

孟子说："说人家的坏话，招来后患如何是？"

第六章

【原文】

孟子曰：“大人者，言不必信，行不必果，惟义所在。”

【译文】

孟子说："通达的人说话不一定句句守信，做事不一定非有结果不可，只要合乎道义就行。"

第七章

【原文】

孟子曰："大人者，不失其赤子[1]之心者也。"

【注释】

①赤子：婴儿。

【译文】

孟子说："伟大的人是童心未泯的人。"

第八章

【原文】

孟子曰："君子深造之以道，欲其自得之也。自得之，则居之安；居之安，则资[1]之深；资之深，则取之左右逢其原[2]。故君子欲其自得之也。"

【注释】

①资：积累。

②原：同“源”。

【译文】

孟子说：“君子遵循一定的方法来加深造诣，是希望自己有所收获。自己有所收获，就能够掌握牢固；掌握得牢固，就能够积累深厚；积累得深厚，用起来就能够左右逢源。所以，君子总是希望自己有所收获。”

第九章

【原文】

孟子曰："博学而详说之，将以反说约也。"

【译文】

孟子说："广博地学习，详细地解说，目的在于融会贯通后返归到简约去。"

第十章

【原文】

孟子曰："以善服人者，未有能服人者也；以善养人，然后能服天下。天下不心服而王者，未之有也。"

【译文】

孟子说："单凭善就想让人心服，是不能够使人心服的；要用善去培养教育人，才能够使天下的人心服。天下的人不心服而想统一天下，这是不可能的。"

第十一章

【原文】

徐子[①]曰："仲尼亟[②]称于水，曰：'水哉，水哉！'何取于水也？"

孟子曰："源泉混混[③]，不舍昼夜，盈科[④]而后进，放乎四海。有本者如是，是之取尔[⑤]。苟为无本，七八月之间雨集，沟浍[⑥]皆盈；其涸也，可立而待也。故声闻[⑦]过情，君子耻之。"

【注释】

①徐子：孟子的学生徐辟。

②亟：屡次。

③混混：通“滚滚”，水势盛大的样子。

④科：坎。

⑤是之取尔：“取是尔”的倒装句，“取这个罢了。”

⑥浍：田间大沟渠。

⑦声闻：名声，名誉。

【译文】

徐子说：“孔子曾多次赞叹水，说：‘水啊！水啊！’他到底觉得水有什么可取之处呢？”

孟子说：“水从源泉里滚滚涌出，日夜不停地流着，把低洼之处填满，然后又继续向前，一直流向大海。它是如此不枯竭，奔流不息。孔子所取的，就是它的这种特性啊。试想，如果水没有这种永不枯竭的本源，就会像那七八月的暴雨一样，虽然也可以一下子灌满大小沟渠，但也会一下子就枯竭。所以，声望名誉超过了实际情形，君子就会感到羞耻。”

第十二章

【原文】

孟了口："人之所以异于禽兽者几希[①]，庶民去之，君子存之。舜明于庶物，察于人伦，由仁义行，非行仁义也。"

【注释】

①几希：少，一点点。

【译文】

孟子说："人和禽兽的差异就那么一点儿，一般人抛弃它，君子却保存它。舜明白一般事物的道理，了解人类的常情，于是从仁义之路而行，而不是为行仁义而行仁义。"

第十三章

【原文】

孟子曰“可以取，可以无取，取伤廉；可以与，可以无与，与伤惠；可以死，可以无死，死伤勇。”

【译文】

孟子说："可以拿取，也可以不取的，取了有损廉洁；可以给予，也可以不给予，给予了有损恩惠；可以死，也可以不死的，死了有损勇敢。"

第十四章

【原文】

逢蒙[①]学射于羿，尽羿[②]之道，思天下惟羿为愈己，于是杀羿。孟子曰："是亦羿有罪焉。"

公明仪曰："宜若无罪焉。"

曰："薄乎云尔，恶得无罪？郑人使子濯孺子侵卫，卫使庾公之斯追之。子濯孺子曰：'今日我疾作，不可以执弓，吾死矣夫！'问其仆曰：'追我者谁也？'其仆曰：'庾公之斯也。'曰：'吾生矣。'其仆曰：'庾公之斯，卫之善射者也。夫子曰吾生，何谓也？'曰：'庾公之斯学射于尹公之他，尹公之他学射于我。夫尹公之他，端人也，其取友必端矣。'庾公之斯至，曰：'夫子何为不执弓？'曰：'今日我疾作，不可以执弓。'曰：'小人学射于尹公之他，尹公之他学射于夫子。我不忍以夫子之道反害夫子。虽然，今日之事，君事也，我不敢废。'抽矢，扣轮，去其金，发乘矢[③]而后反。"

【注释】

①逢蒙：羿的学生和家众，后来叛变，帮助寒浞杀了羿。

②羿：又称后羿，传说是夏代有穷国的君主。

③乘矢：四支箭。

【译文】

逢蒙跟羿学射箭，学得了技巧后，他便想，天下只有羿的箭术比自己强了，于是便杀死了羿。孟子说：“这事也有羿自己的罪过。”

公明仪说：“羿不该有什么罪过吧。”

孟子说：“罪过不大罢了，怎么能说没有呢？从前郑国派子濯孺子侵入卫国，卫国派庾公之斯追击他。子濯孺子说：‘今天我的病发作了，不能够拿弓，我死定了！’又问给他驾车的人说：‘追我的人是谁呀？’驾车的人答道：‘是庾公之斯。’子濯孺子便说：‘那我不会死了。’给他驾车的人说：‘庾公之斯是卫国著名的射手，先生反而说不会死了，这是为什么呢？’子濯孺子说：‘庾公之斯是向尹公之他学的射箭，尹公之他是向我学的射箭。那尹公之他是个正直的人，他所选择的朋友也一定正直。’庾公之斯追上来了，问：‘先生为什么不拿弓呢？’子濯孺子说：‘今天我疾病发作，不能够拿弓’庾公之斯说：‘我跟尹公之他学射箭，尹公之他又跟您学射箭。我不忍心用您的箭术反过来害您。不过，今天这事是国家的公事，我不敢不做。’于是抽出箭，在车轮上敲打了几下，把箭头敲掉，发了四箭然后就回去了。”

第十五章

【原文】

孟子曰："西子[①]蒙不洁，则人皆掩鼻而过之；虽有恶[②]人，斋戒沐浴，则可以祀上帝。"

【注释】

①西子：指春秋时越国美女西施，这里以她代指美女。

②恶：这里与“西子”相对，主要指丑陋。

【译文】

孟子说：“像西施那么美丽的女子，如果她沾染上污秽恶臭的东西，别人也会捂着鼻子走过去；虽然是一个面貌奇丑的人，如果他斋戒沐浴，也同样可以祭祀祖上帝王。”

第十六章

【原文】

孟子曰："君子所以异于人者，以其存心也。君子以仁存心。以礼存心。仁者爱人，有礼者敬人。爱人者，人恒爱之；敬人者，人恒敬之。有人于此，其待我以横逆[1]，则君子必自反也：我必不仁也，必无礼也，此物[2]奚宜至哉？其自反而仁矣，自反而有礼矣，其横逆由[3]是也，君子必自反也，我必不忠。自反而忠矣，其横逆由是也，君子曰：'此亦妄人也已矣。如此，则与禽兽奚择[4]哉？于禽兽又何难[5]焉？'是故君子有终身之忧，无一朝之患也。乃若所忧则有之：舜，人也；我，亦人也。舜为法[6]于天下，可传于后世。我由未免为乡人也，是则可忧也。忧之如何？如舜而已矣。若夫君子所患则亡矣。非仁无为也，非礼无行也。如有一朝之患，则君子不患矣。"

【注释】

①横逆：蛮横无理。

②此物：指上文所说“横逆”的态度。奚宜：怎么应当。

③由：通“犹”。下文“我由未免为乡人也”中的“由”也通“犹”。

④择：区别。

⑤难：责难。

⑥法：楷模。

【译文】

孟子说：“君子与一般人不同的地方在于，他内心所怀的念头不同。君子内心所怀的念头是仁，是礼。仁爱的人爱别人，礼让的人尊敬别人。爱别人的人，别人也经常爱他；尊敬别人的人，别人也经常尊敬他。假定这里有个人，他对我蛮横无理，那君子必定反躬自问：我一定不仁，一定无礼吧，不然的话，他怎么会对我这样呢？如果反躬自问是仁的，是有礼的，而那人仍然蛮横无理，君子必定再次反躬自问：我一定不忠吧？如果反躬自问是忠的，而那人仍然蛮横无理，君子就会说：‘这人不过是个狂人罢了。这样的人和禽兽有什么区别呢？而对禽兽又有什么可责难的呢？’所以君子有终身的忧虑，但没有一朝一夕的祸患。比如说这样的忧虑是有的：舜是人，我也是人；舜是天下的楷模，名声传于后世，可我却不过是一个普通人而已。这个才是值得忧虑的事。忧虑又怎么办呢？像舜那样做罢了。至于君子别的什么忧患就没有了。不是仁爱的事不干，不合于礼的事不做。即使有一朝一夕的祸患来到，君子也不会感到忧患了。”

第十七章

【原文】

孟子曰："世俗所谓不孝者五：惰其四支[①]，不顾父母之养，一不孝也；博奕好饮酒，不顾父母之养，二不孝也；好货财，私妻子，不顾父母之养，三不孝也；从[②]耳目之欲，以为父母戮[③]，四不孝也；好勇斗很[④]，以危父母，五不孝也。"

【注释】

①四支：即四肢。

②从：同“纵”。

③戮：羞辱。

④很：同“狠”

【译文】

孟子说：“通常认为不孝的情况有五种：四肢懒惰，不赡养父母，这是第一种；酗酒聚赌，不赡养父母，这是第二种；贪吝钱财，只顾老婆孩子，不赡养父母，这是第三种；放纵耳目的欲望，使父母感到羞辱，这是第四种；逞勇好斗，连累父母，这是第五种。”

第十八章

【原文】

齐人有一妻一妾而处室者。其良人[①]出，则必餍[②]酒肉而后反。其妻问所与饮食者，则尽富贵也。其妻告其妾曰：“良人出，则必餍酒肉而后反；问其与饮食者，尽富贵也，而未尝有显者来，吾将瞷[③]良人之所之也。”

蚤[④]起，施[⑤]从良人之所之，遍国中[⑥]无与立谈者。卒之东郭墦间[⑦]，之祭者，乞其馀；不足，又顾而之他，此其为餍足之道也。

其妻归，告其妾，曰：“良人者，所仰望而终身也，今若此。”与其妾讪[⑧]其良人，而相泣于中庭[⑨]，而良人未之知也，施施[⑩]从外来，骄其妻妾。

由君子观之，则人之所以求富贵利达者，其妻妾不羞也而不相泣者，几希矣！

【注释】

①良人：古代妇女对丈夫的称呼。

②餍：饱。

③瞯：窥视。

④蚤：同“早”。

⑤施：斜。这里指斜行，斜从跟随，以免被丈夫发现。

⑥国中：都城中。

⑦墦间：坟墓间。

⑧讪：讥骂。

⑨中庭：庭中。

⑩施施：得意扬扬的样子。

【译文】

齐国有一个人，家里有一妻一妾。那丈夫每次出门，必定是吃得饱饱地，喝得醉醺醺地回家。他妻子问他一道吃喝的是些什么人，据他说来全都是些有钱有势的人。他妻子告诉他的妾说："丈夫出门，总是酒醉肉饱地回来；问他和些什么人一道吃喝，据他说来全都是些有钱有势的人，但我们却从来没见到什么有钱有势的人物到家里面来过，我打算悄悄地看看他到底去些什么地方。"

第二天早上起来，她便尾随在丈夫的后面，走遍全城，没有看到一个人站起来和她丈夫说过话。最后他走到了东郊的墓地，向祭扫坟墓的人要些剩余的祭品吃；不够，又东张西望地到别处去乞讨，这就是他酒醉肉饱的办法。

他的妻子回到家里，告诉他的妾说："丈夫，是我们仰望而终身依靠的人，现在他竟然是这样的。"二人在庭院中咒骂着，哭泣着，而丈夫还不知道，得意扬扬地从外面回来，在他的两个女人面前摆威风。

在君子看来，人们用来求取升官发财的方法，能够不使他们的妻妾引以为耻而共同哭泣的，是很少的！

万章上

第一章

【原文】

人少，则慕[①]父母；知好色，则慕少艾[②]；有妻子，则慕妻子；仕则慕君，不得于君则热中[③]。大孝终身慕父母。五十而慕者，予于大舜见之矣。

【注释】

①慕：爱慕，依恋。

②少艾：指年轻美貌的人。

③热中：焦急得心中发热。

【译文】

人在年幼的时候，爱慕父母；懂得喜欢女子的时候，就爱慕年轻漂亮的姑娘；有了妻子以后，便爱慕妻子；做了官便爱慕君王，得不到君王的赏识便内心焦急得发热。不过，最孝顺的人却是终身都爱慕父母。到了五十岁还爱慕父母的，我在伟大的舜身上见到了。

第二章

【原文】

昔者有馈生鱼于郑子产，子产使校人[①]畜之池。校人烹之，反命曰：“始舍之，圉圉[②]焉；少则洋洋[③]焉；攸然[④]而逝。”子产曰：“得其所哉！得其所哉！”校人出，曰：“孰谓子产智？予既烹而食之，曰：‘得其所哉！得其所哉。’”故君子可欺以其方，难罔以非其道。

【注释】

①校人：管理池塘的小官。

②圉圉：疲惫的样子。

③洋洋：舒缓摇尾的样子。

④攸然：迅速的样子。

【译文】

从前有人送条活鱼给郑国的子产，子产叫主管池塘的人把它畜养在池塘里。那人却把鱼煮来吃了，回报说："刚放进池塘里时，它还要死不活的；一会儿便摇摆着尾巴活动起来了；突然间，一下子就游得不知去向了。"于产说："它去了它应该去的地方啦！它去了它应该去的地方啦！"那人从子产那里出来后说："谁说子产聪明呢？我明明已经把鱼煮来吃了，可他还说'它去了它应该去的地方啦！它去了它应该去的地方啦！"所以，君子可能被合乎情理的方法所欺骗，但难以被不合情理的方法所欺骗。

第三章

【原文】

故说诗者不以文害辞，不以辞害志。以意逆[1]志，是为得之。如以辞而已矣，《云汉》之诗曰："周馀黎民，靡有孑遗[2]。"信斯言也，是周无遗民也。

【注释】

①逆：揣测。

②靡有：没有。孑遗：二字同义，都是“余”的意思。

【译文】

所以解说诗的人，不要拘于文字而误解词句，也不要拘于词句而误解诗人的本意。要通过自己读作品的感受去推测诗人的本意，这样才能真正读懂诗。如果拘于词句，那《云汉》这首诗说：“周朝剩余的百姓，没有一个留存。”相信这句话，那就会认为周朝真是一个人也没有了。

第四章

【原文】

万章曰："尧以天下与舜，有诸？"

孟子曰："否，天子不能以天下与人。"

"然则舜有天下也，孰与之？"

曰："天与之。"

"天与之者，谆谆[①]然命之乎？"

曰："否，天不言，以行与事示之而已矣。"

曰："以行与事示之者，如之何？"

曰："天子能荐人于天，不能使天与之天下；诸侯能荐人于天子，不能使天子与之诸侯；大夫能荐人于诸侯，不能使诸侯与之大夫。昔者，尧荐舜于天而天受之；暴[②]之于民而民受之。故曰，天不言，以行与事示之而已矣。""曰：敢问荐之于天而天受之；暴之于民而民受之，如何？"

曰："使之主祭，而百神享之，是天受之；使之主事而事治，百姓安之，是民受之也。天与之，人与之，故曰，天子不能以天下与人。舜相尧二十有八载，非人之所能为也，天也。尧崩，三年之丧毕，舜避尧之子于南河③之南，天下诸侯朝觐者，不之尧之子而之舜；讼狱者，不之尧之子而之舜；讴歌者，不讴歌尧之子而讴歌舜。故曰天也。夫然后之中国④，践天子位焉。而⑤居尧之宫，逼尧之子，是篡也，非天与也。《太誓》曰：'天视自我民视，天听自我民听。'此之谓也。"

【注释】

①谆谆：反复叮咛。

②暴：显露，公开。

③南河：舜避居处，在今山东濮县东二十五里，河在尧都之南，故称南河。

④中国：这里指帝都。

⑤而：如。

【译文】

万章问：“尧拿天下授予舜，有这回事吗？”

孟子说：“不，天子不能够拿天下授予人。”

万章问：“那么舜得到天下，是谁授予他的呢？”

孟子回答说：“天授予的。”

万章问：“天授予他时，反复叮咛告诫他吗？”

孟子说：“不，天不说话，拿行动和事情来表示罢了。”

万章问："拿行动和事情来表示，是怎样的呢？"

孟子回答说："天子能够向天推荐人，但不能强迫天把天下授予人；诸侯能够向天子推荐人，但不能强迫天子把诸侯之位授予这人；大夫能够向诸侯推荐人，但不能强迫诸侯把大夫之位授予这人。从前，尧向天推荐了舜，天接受了；又把舜公开介绍给老百姓，老百姓也接受了。所以说，天不说话，拿行动和事情来表示罢了。"

万章说："请问推荐给天，天接受了；公开介绍给老百姓，老百姓也接受了是怎么回事呢？"

孟子说："叫他主持祭祀，所有神明都来享用，这是天接受了；叫他主持政事，政事治理得很好，老百姓很满意，这就是老百姓也接受了。天授予他，老百姓授予他，所以说，天子不能够拿天下授予人。舜辅佐尧治理天下二十八年，这不是凭一个人的意志够做得到的，而是天意。尧去世后，舜为他服丧三年，然后便避居于南河的南边去，为的是要让尧的儿子继承天下。可是，天下诸侯朝见天子的，都不到尧的儿子那里去，却到舜那里去；打官司的，都不到尧的儿子那里去，却到舜那里去；歌颂的人，也不歌颂尧的儿子，却歌颂舜。所以你这是天意。这样，舜才回到帝都，登上了天子之位。如果先前舜就占据尧的宫室，逼迫尧的儿子让位，那就是篡夺，而不是天授予他的了。《太誓》说过：‘上天所见来自我们老百姓的所见，上天所听来自我们老百姓的所听。’说的正是这个意思。”

万章下

第一章

【原文】

孟子曰："伯夷，目不视恶色，耳不听恶声。非其君不事，非其民不使。治则进，乱则退。横[①]政之所出，横民之所止，不忍居也。思与乡人处，如以朝衣朝冠坐于涂炭也。当纣之时，居北海之滨，以待天下之清也。故闻伯夷之风者，顽[②]夫廉，懦夫有立志。"

"伊尹曰：'何事非君？何使非民？'治亦进，乱亦进，曰：'天之生斯民也，使先知觉后知，使先觉觉后觉。予，天民之先觉者也。予将以此道觉此民也。'思天下之民，匹夫匹妇有不与被尧、舜之泽者，若己推而内之沟中——其自任以天下之重也。

"柳下惠不羞污君，不辞小官。进不隐贤，必以其道。遗佚[③]而不怨，厄穷而不悯。与乡人处，由由然不忍去也。'尔为尔，我为我，虽袒裼裸裎[4]于我侧，尔焉能浼[5]我哉？’故闻柳下惠之风者，鄙夫[6]宽，薄夫[7]敦。

“孔子之去齐，接淅[8]而行；去鲁，曰：‘迟迟吾行也，去父母国之道也！’可以速而[9]速，可以久而久，可以处而处，可以仕而仕，孔子也。”

孟子曰：“伯夷，圣之清者也；伊尹，圣之任者也；柳下惠，圣之和者也；孔子，圣之时者也。孔子之谓集大成。集大成也者，金声而玉振之[10]也。金声也者，始条理也；玉振之也者，终条理也。始条理者，智之事也；终条理者，圣之事也。智，譬则巧也；圣，譬则力也。由[11]射于百步之外也，其至，尔力也；其中，非尔力也。”

【注释】

①横：暴。

②顽：贪婪。

③遗佚：不被重用。

④袒裼裸裎：四个字意思相近，同义复用，都是赤身裸体的意思。

⑤浼：污染。

⑥鄙夫：心胸狭窄的人。

⑦薄夫：刻薄的人。

⑧接淅：淘米。

⑨而：则。以下几句同。

⑩金声：指钋钟发出的声音。玉振：指玉磬收束的余韵。古代奏乐，先以钋钟起音，结束以玉磬收尾。

⑪由：通“犹”。

【译文】

孟子说："伯夷，眼睛不看丑陋的事物，耳朵不听邪恶的声音。不是他理想的君主，不侍奉；不是他理想的百姓，不使唤。天下太平就出来做官，天下混乱就隐退不出。施行暴政的国家，住有暴民的地方，他都不愿意居住。他认为和没有教养的乡下人相处，就像穿戴着上朝的礼服礼帽却坐在泥途或炭灰上一样。当殷纣王暴虐统治的时候，他隐居在渤海边，等待着天下太平。所以，听到过伯夷风范的人，贪得无厌的会变得廉洁，懦弱的会变得意志坚定。"

"伊尹说：'哪个君主不可以侍奉？哪个百姓不可以使唤？'所以，他是天下太平做官，天下混乱也做官。他说：'上天生育这些百姓，就是要让先知的人来开导后知的人，先觉的人来开导后觉的人。我就是这些人中先知先觉的人，我要开导这些后知后觉的人。'他认为天下的百姓中，只要有一个普通男子或普通妇女没有承受到尧舜的恩泽，就好像是他自己把别人推进山沟之中去了一样——这就是他以挑起天下的重担为己任的态度。

“柳下惠不以侍奉坏君主为耻辱，也不因官小而不做。做官不隐藏自己的才能，坚持按自己的原则办事。不被重用不怨恨，穷困也不忧愁。与没有教养的乡下人相处，也照样很自在地不忍离去。他说：‘你是你，我是我，你就是赤身裸体在我旁边，对我又有什么污染呢？’所以，听到过柳下惠风范的人，心胸狭窄的会变得宽阔起来，刻薄的会变得厚道起来。

“孔子离开齐国的时候，不等把米淘完就走；离开鲁国时却说：‘我们慢慢走吧，这是离开父母之邦的路啊！’应该快就快，应该慢就慢，应该隐居就隐居，应该做官就做官。这就是孔子。”

孟子说：“伯夷是圣人里面最清高的；伊尹是圣人里面最负责任的；柳下惠是圣人里面最随和的；孔子是圣人里面最识时务的。孔子可以称为集大成者。集大成的意思，就好比乐队演奏，以钟声开始起音，以玉磬声结束收尾。钋钟声起音是为了有条有理地开始，玉磬声收尾是为了有条有理地结束。有条有理地开始是智方面的事，有条有理地结束是圣方面的事。智好比是技巧，圣好比是力量。犹如在百步以外射箭，箭能射中靶子，是靠你的力量；射中了，却是靠技巧而不是靠力量。”

第二章

【原文】

万章问曰："敢问友。"

孟子曰："不挟[1]长，不挟贵，不挟兄弟而友。友也者，友其德也，不可以有挟也。孟献子[2]，百乘之家也，有友五人焉：乐正裘、牧仲，其三人则予忘之矣。献子之与此五人者友也，无献子之家者也。此五人者，亦有献子之家，则不与之友矣。非惟百乘之家为然也，虽小国之君亦有之。费[3]惠公曰：'吾于子思则师之矣；吾于颜般则友之矣；王顺、长息，则事我者也。'非惟小国之君为然也，虽大国之君亦有之。晋平公之于亥唐[4]也，入云则入，坐云则坐，食云[5]则食；虽蔬食[6]菜羹，未尝不饱，盖不敢不饱也。然终于此而已矣。弗与共天位也，弗与治天职也，弗与食天禄也，士之尊贤者也，非王公之尊贤也。舜尚[7]见帝，帝馆甥[8]于贰[9]室，亦飨舜，迭为宾主，是天子而友匹夫也。用[10]下敬上，谓之贵贵；用上敬下，谓之尊贤。贵贵尊贤，其义一也。"

【注释】

①挟：倚仗。

②孟献子：鲁国大夫仲孙蔑。

③费：春秋时小国，旧地在今山东鱼台西南费亭。

④亥唐：晋国人。晋平公时，朝中多贤臣，但亥唐不愿为官，隐居穷巷，平公曾对他“致礼与相见面请事”，非访敬重。

⑤入云、坐云、食云：是云入、云坐、云食的倒装。云，说。

⑥蔬食：粗糙的饮食。蔬同“疏”。

⑦尚：同“上”。

⑧甥：古时称妻子的父亲叫外舅，所以，女婿也称“甥”，舜是尧帝的女婿。

⑨贰室：副官，即招待的官邸。

⑩用：以。

【译文】

万章问道："请问交朋友的原则。"

孟子说："不倚仗年龄大，不倚仗地位高，不倚仗兄弟的势力去交朋友。交朋友，交的是品德，不能够有什么倚仗。孟献子是一位拥有百辆车马的大夫，他有五位朋友：乐正裘、牧仲，其余三位，我忘记了。献子与这五人交朋友，心目中并不存在自己是大夫的观念，这五人，如果心目中存有献子是大夫的观念，也就不与献子交朋友了。不仅具有百辆车马的大夫有这样的，就是小国的国君也有这样的。费惠公说：'我对于子思，把他尊为老师；我对于颜般，和他交为朋友；至于王顺和长息，不过是侍奉我的人罢了。'不仅小国的国君有这样的，就是大国的国君也有这样的。晋平公对待亥唐，亥唐叫他进去就进去，叫他坐就坐，叫他吃就吃。即使是糙米饭菜汤，也没有不吃饱的，因为不敢不吃饱。不过，晋平公也就是做到这一步而已。不同他一起共列官位，不同他一起治理政事，不同他一起享受俸禄，这只是一般士人尊敬贤者的态度，而不是王公贵族对贤者的态度。从前舜去拜见尧帝，尧助他的这位女婿住在副官中。他请舜吃饭，舜也请他吃饭，二人互为客人和主人。这是天子与普通百姓交朋友的范例。地位低下的人尊敬地位高贵的人，这叫尊敬贵人；地位高贵的人尊敬地位低下的人，这叫尊敬贤人。尊敬贵人和尊敬贤人，道理都是一样的。”

第三章

【原文】

孟子曰：“仕非为贫也，而有时乎为贫；娶妻非为养也，而有时乎为养。为贫者，辞尊居卑，辞富居贫。辞尊居卑，辞富居贫，恶乎宜乎？抱关击柝①。孔子尝为委吏②矣，曰：‘会计当而已矣。’尝为乘田③矣，曰：‘牛羊茁壮长而已矣。’位卑而言高，罪也。立乎人之本朝④而道不行，耻也。”

【注释】

①抱关：守门的小卒。击柝：打更；柝指打更用的梆子。

③委吏：管仓库的小吏。

③乘田：管苑囿的小吏，负责牲畜的饲养和放牧。

④本朝：朝廷。

【译文】

孟子说："做官不是因为贫穷，但有时也是因为贫穷；娶妻不是为了孝养父母，但有时也是为了孝养父母。因为贫穷而做官的，便应该拒绝高官而居于低位；拒绝厚禄而只受薄禄。拒绝高官而居于低位；拒绝厚禄而只受薄禄，做什么合适呢？比如说做守门打更一类的小吏。孔子曾经做过管理仓库的小吏，只说：'出入的账目清楚了。'又曾经做过管理牲畜的小吏，只说：‘牛羊都长得很壮实。’地位低下却议论朝廷大事，这是罪过；身在朝廷做官而不能实现自己的抱负，这是耻辱。”

第四章

【原文】

孟子谓万章曰："一乡之善士斯友一乡之善士，一国之善士斯友一国之善士，天下之善士斯友天下之善士。以友天下之善士为未足，又尚[①]论古之人。颂[②]其诗，读其书，不知其人，可乎？是以论其世也。是尚友也。"

【注释】

①尚：同“上”。

②颂：同“诵”。

【译文】

孟子对万章说：“一个乡的优秀人物就和一个乡的优秀人物交朋友，一个国家的优秀人物就和一个国家的优秀人物交朋友，天下的优秀人物就和天下的优秀人物交朋友。如果认为和天下的优秀人物交朋友还不够，便又上溯古代的优秀人物。吟诵他们的诗，读他们的书，不知道他们到底是什么人，可以吗？所以要研究他们所处的社会时代。这就是上溯历史与古人交朋友。”

第五章

【原文】

齐宣王问卿。孟子曰："王何卿之问也？"王曰："卿不同乎？"曰："不同，有贵戚之卿[①]，有异姓之卿。"王曰："请问贵戚之卿。"曰："君有大过则谏；反覆之而不听，则易位。"王勃然变乎色。曰："王勿异也。王问臣，臣不敢不以正[②]对。"王色定，然后请问异姓之卿。曰："君有过则谏，反覆之而不听，则去。"

【注释】

①贵戚之卿：指与君王同宗族的卿大夫。

②正：诚。

【译文】

齐宣王问有关卿大夫的事。孟子说："大王问的是哪一类的卿大夫呢？"

齐宣王说："卿大夫还有所不同吗？"

孟子说："不同。有王室宗族的卿大夫，有异姓的卿大夫。"

宣王说："那我请问王室宗族的卿大夫。"

孟子说："君王有重大过错，他们便加以劝阻；反复劝阻了还不听从，他们便改立君王。"

宣王突然变了脸色。

孟子说："大王不要怪我这样说。您问我，我不敢不用老实话来回答。"

宣王脸色正常了，然后又问非王族的异姓卿大夫。

孟子说："君王有过错，他们便加以劝阻；反复劝阻了还不听从，他们便辞职而去。"

告子上

第一章

【原文】

告子[①]曰："性犹湍水[②]也，决诸东方则东流，决诸西方则西流。人性之无分于善不善也，犹水之无分于东西也。"

孟子曰："水信[③]无分于东西。无分子上下乎？人性之善也，犹水之就[④]下也。人无有不善，水无有不下。今夫水，搏而跃之，可使过颡[⑤]；激而行之，可使在山。是岂水之性哉？其势则然也。人之可使为不善，其性亦犹是也。"

【注释】

①告子：生平不详，大约做过墨子的学生，较孟子年长。

②湍水：急流的水。

③信：诚，真。

④就：趋向。

⑤颡：额头。

【译文】

告子说："人性就像那急流的水，缺口在东便向东方流，缺口在西便向西方流。人性无所谓善与不善，就像水无所谓向东流向西流一样。"

孟子说："水的确无所谓向东流向西流，但是，也无所谓向上流向下流吗？人性向善，就像水往低处流一样。人性没有不善良的，水没有不向低处流的。

当然，如果水受拍打而飞溅起来，能使它高过额头；加压迫使它倒行，能使它流上山岗。这难道是水的本性吗？形势迫使它如此的。人可以被迫使做坏事，本性的改变也像这样。”

第二章

【原文】

公都子[①]曰："告子曰：'性无善无不善也。'或曰：'性可以为善，可以为不善；是故文、武兴，则民好善；幽、厉兴，则民好暴。'或曰：'有性善，有性不善。是故以尧为君而有象[②]，以瞽瞍[③]为父而有舜，以纣为兄之子且以为君，而有微子启、王子比干。'今曰'性善'，然则彼皆非欤？"

孟子曰："乃若[④]其情[⑤]，则可以为善矣，乃所谓善也。若夫为不善，非才[⑥]之罪也。恻隐之心，人皆有之；羞恶之心，人皆有之；恭敬之心，人皆有之；是非之心，人皆有之。恻隐之心，仁也；羞恶之心，义也；恭敬之心，礼也；是非之心，智也。仁义礼智，非由外铄[⑦]我也，我固有之也，弗思耳矣。故曰：'求则得之，舍则失之。'或相倍蓰[⑧]而无算者，不能尽其才者也。《诗》曰：‘天生蒸民，有物有则。民之秉彝，好是懿德[⑨]。’孔子曰：‘为此诗者，其知道乎！故有物必有则；民之秉彝也，故好是懿德。’”

【注释】

①公都子：孟子的学生。

②象：舜的异母弟，品行不善。

③瞽瞍：舜的父亲，品行不善。

④乃若：转折连词，大致相当于“至于”等。

⑤情：指天生的性情。

⑥才：指天生的资质。

⑦铄：授予。

⑧蓰：五倍。

⑨《诗》曰：引自《诗经·大雅·蒸民》。蒸，众；则，法则；秉，执；彝，常；懿，美。

【译文】

公都子说：“告子说：‘人性无所谓善良不善良。’又有人说：‘人性可以使它善良，也可以使它不善良。所以周文王、周武王当朝，老百姓就善良；

周幽王、周厉王当朝，老百姓就横暴。’也有人说：‘有的人本性善良，有的人本性不善良。所以虽然有尧这样善良的人做天子却有象这样不善良的臣民；虽然有瞽瞍这样不善良的父亲却有舜这样善良的儿子；虽然有殷纣王这样不善良的侄儿，并且做了天子，却也有微子启、王子比干这样善良的长辈和贤臣。’如今老师说‘人性本善’，那么他们都说错了吗？”

孟子说：“从天生的性情来说，都可以使之善良，这就是我说人性本善的意思。至于说有些人不善良，那不能归罪于天生的资质。同情心，人人都有；羞耻心，人人都有；恭敬心，人人都有；是非心，人人都有。同情心属于仁；羞耻心属于义；恭敬心属于礼；是非心属于智。这仁义礼智都不是由外在的因素加给我的，而是我本身固有的，只不过平时没有去想它因而不觉得罢了。所以说：‘探求就可以得到，放弃便会失去。’人与人之间有相差一倍、五倍甚至无数倍的，正是由于没有充分发挥他们的天生资质的缘故。《诗经》说：‘上天生育了人类，万事万物都有法则。老百姓掌握了这些法则，就会有崇高美好的品德。’孔子说：‘写这首诗的人真懂得道啊！有事物就一定有法则；老百姓掌握了这些法则，所以崇尚美好的品德。’”

第三章

【原文】

孟子曰："富岁，子弟多赖[①]；凶岁，子弟多暴，非天之降才尔殊[③]也，其所以陷溺其心者然也。今夫麰麦[③]，播种而耰[④]之，其地同，树[⑤]之时又同，浡然[⑥]而生，至于日至[⑦]之时，皆熟矣。虽有不同，则地有肥硗[⑧]，雨露之养、人事之不齐也。故凡同类者，举相似也，何独至于人而疑之？圣人，与我同类者。故龙子[⑨]曰：不知足而为屦，我知其不为蒉[⑩]也。屦之相似，天下之足同也。口之于味，有同耆[⑪]也。易牙[⑫]先得我口之所耆者也。如使口之于味也，其性与人殊[⑬]，若犬马之与我不同类也，则天下何耆皆从易牙之于味也？至于味，天下期于易牙，是天下之口相似也。惟[⑭]耳亦然。至于声，天下期于师旷，是天下之耳相似也。惟目亦然。至于子都[⑮]，天下莫不知其姣也。不知子都之姣者，无目者也。故曰，口之于味也，有同耆焉；耳之于声也，有同听焉；目之于色也，有同美焉。至于心，独无所同然乎？心之所同然者何也？谓理也，义也。圣人先得我心之所同然耳。故理义之悦我心，犹刍豢[16]之悦我口。”

【注释】

①赖：同“懒”。

②尔：这样，如此。殊：不同。

③麰麦：大麦。

④耰：本为农具名，此处作动词，指用土覆盖种子。

⑤树：动词，种植。

⑥浡：旺盛。

⑦日至：即夏至。

⑧硗：土地贫瘠，不肥沃。

⑨龙子：古代的贤人。

⑩蒉：筐、篮。

⑪耆：通“嗜”。

⑫易牙：春秋时齐国最擅烹调的人，齐桓公的宠臣。

⑬与人殊：即“人与人殊”之意。

⑭惟：此处为语首词，无义。

⑮子都：春秋时美男子。

⑯刍豢：泛指家畜。食草家畜如牛羊称刍；食谷家畜如猪狗称豢。

【译文】

孟子说："丰收年成，少年子弟多半懒惰；灾荒年成，少年子弟多半横暴，不是天生资质这样不同，而是由于外部环境使他们的心有所陷溺。以大麦而论，播种后用土把种子覆盖好，同样的土地，同样的播种时间，它们蓬勃地生长，到了夏至时，全都成熟了。虽然有收获多少的不同，但那是由于土地有肥瘠，雨水有多少，人工有勤惰而造成的。所以凡是同类的事物，其主要的方面都是相似的，为什么一说到人就发生疑问了呢？圣人，与我们是同类的人吗。所以龙子说：'不用知道脚的长短去编一双鞋，我也知道是绝不会编成一个筐子的。'草鞋的相近，是因为天下人的脚都大致相同。口对于味道，有相同的嗜好，易牙就是先掌握了我们的共同嗜好的人。假如口对于味道，每个人都根本不同，就像狗、马与我们完全不同类一样，那么天下的人怎么会都喜欢易牙烹调出来的味道呢？一说到口味，天下的人都期望做到易牙那样，这说明天下人的口味都是相近的。对耳朵来说也是这样，一提到音乐，天下的人都期望做到师旷那样，这说明天下人的听觉都是相近的。对眼睛来说也是这样，一提到子都，天下人没有不认为他美的。不认为子都美丽的，是没有眼睛的人。所以说，口对于味道，有相同的嗜好；耳朵对于声音，有相同的听觉；眼睛对于颜色，有相同的美感。一说到心，难道就偏偏没有相同的地方了吗？心相同的地方在哪里？在理，在义。圣人不过就是先掌握了我们内心相同的东西罢了。所以理义使我的心高兴，就像猪狗牛羊肉使我觉得味美一样。”

第四章

【原文】

孟子曰："牛山[1]之木尝美矣，以其郊于大国[2]也，斧斤伐之，可以为美乎？是其日夜之所息[3]，雨露之所润，非无萌蘖[4]之生焉，牛羊又从而牧之，是以若彼濯濯[5]也。人见其濯濯也，以为未尝有材焉，此岂山之性也哉？虽存乎人者，岂无仁义之心哉？其所以放其良心者，亦犹斧斤之于木也，旦旦而伐之，可以为美乎？其日夜之所息，平旦[6]之气，其好恶与人相近也者几希，则其旦昼[7]之所为，有梏亡之矣[8]。梏之反覆，则其夜气不足以存；夜气不足以存，则其违禽兽不远矣。人见其禽兽也，而以为未尝有才焉者，是岂人之情也哉？故苟得其养，无物不长；苟失其养，无物不消。孔子曰：'操则存，舍则亡；出人无时，莫知其乡[9]。'惟心之谓与？"

【注释】

①牛山：齐国首都临淄郊外的山。

②郊：此处作动词用，在……郊。大国：即大都市，指临淄。

③息：生长。

④萌蘖：新枝嫩芽。

⑤濯濯：没有草木，光秃秃的样子。

⑥平旦：黎明，天刚亮时。

⑦旦昼：第一天。

⑧有：同“又”。梏：拘禁，束缚。梏亡指因受束缚而消亡。

⑨乡：乡里，“居”的意思。

【译文】

孟子说：“牛山的树木曾经是很茂盛的，但是由于它在大都的郊外，经常遭到人们用斧子去砍伐，还能够保持茂盛吗？当然，山上的树木日日夜夜都在生长，雨水露珠也在滋润着，并非没有青枝嫩芽长出来，但随即又有人赶着牛羊去放牧，所以也就像这样光秃秃的了。人们看见它光秃秃的，便以为牛山从来也不曾有过高大的树木，难道是这山的本性吗？即使在一些人身上也是如此，难道没仁义之心吗？他们放任良心失去，也像用斧头砍伐树木一样，天天砍伐，还可以保持茂盛吗？他们日日夜夜生息，在天刚亮时触及的清明之气，这些在他心里所产生出来的好恶与一般人相近的也有那么一点点，可到了第二天，他们的所作所为，又使它们窒息而消亡了。反复窒息的结果，便使他们夜晚的息养之气不足以存在了，夜晚的息养之气不足以存在，也就和禽兽差不多了。人们见到这些人的所作所为和禽兽差不多，还以为他们从来就没有过天生的资质。这难道是人的本性如此吗？所以，假如得到滋养，没有什么东西不生长；假如失去滋养，没有什么东西不消亡。孔子说过：‘把握住就存在，放弃就失去；进出没有一定的时候，也不知道它去向何方。’这就是指人心而言吧？”

第五章

【原文】

孟子曰："无或[①]乎王之不智也。虽有天下易生之物也，一日暴[②]之，十日寒之，未有能生者也。吾见亦罕矣，吾退而寒之者至矣，吾如有萌焉何哉？今夫弈[③]之为数[④]，小数也；不专心致志。则不得也。弈秋，通国之善弈者也。使弈秋诲二人弈，其一人专心致志，惟弈秋之为听。一人虽听之，一心以为有鸿鹄[⑤]将至，思援弓缴[⑥]而射之，虽与之俱学，弗若之矣，为是其智弗若与？曰：非然也。"

【注释】

①或：同“惑”。

②暴：同“曝”，晒。

③弈：围棋。

④数：技术，技巧。

⑤鸿鹄：天鹅。

⑥缴：系在箭上的绳，代指箭。

【译文】

孟子说：“大王的不明智，没有什么不可理解的。即使有一种天下最容易生长的植物，晒它一天，又冻它十天，没有能够生长的。我和大王相见的时候也太少了。我一离开大王，那些‘冻’他的奸邪之人就去了，他即使有一点善良之心的萌芽也被他们冻杀了，我有什么办法呢？比如下棋作为一种技艺，只是一种小技艺；但如果不专心致志地学习，也是学不会的。弈秋是全国闻名的下棋能手，叫弈秋同时教两个人下棋，其中一个专心致志，只听弈秋的话；另一个虽然也在听，但心里面却老是觉得有天鹅要飞来，一心想着如何张弓搭箭去射击它。这个人虽然与专心致志的那个人一起学习，却比不上那个人。是因为他的智力不如那个人吗？回答很明确：当然不是。”

第六章

【原文】

孟子曰："鱼，我所欲也，熊掌，亦我所欲也；二者不可得兼，舍鱼而取熊掌者也。生，亦我所欲也，义，亦我所欲也；二者不可得兼，舍生而取义者也。生亦我所欲，所欲有甚于生者，故不为苟得也；死亦我所恶，所恶有甚于死者，故患有所不辟[①]也。如使人所欲莫甚于生，则几可以得生者，何不用也？使人之所恶莫甚于死者，则凡可以辟患者，何不为也？由是则生而有不用也，由是则可以辟患而有不为也。是故所欲有甚于生者，所恶有甚于死者。非独贤者有是心也，人皆有之，贤者能勿丧耳。一箪食，一豆[②]羹，得之则生，弗得则死，呼尔[③]而与之，行道之人弗受；蹴尔[④]而与之，乞人不屑也。万钟则不辩礼义而受之。万钟于我何加焉？为宫室之美、妻妾之奉、所识穷乏者得[⑤]我与？乡[⑥]为身死而不受，今为宫室之美为之；

乡为身死而不受，今为妻妾之奉为之；乡为身死而不受，今为所识穷乏者得我而为之，是亦不可以已乎？此之谓失其本心。”

【注释】

①辟：同“避”。

②豆：古代盛羹汤的器具。

③呼尔：轻勇地呼喝。

④蹴尔：以脚践踏。

⑤得：通“德”，这里指以我为德，即感激的意思。

⑥乡：同“向”，向来，一向，从前。

【译文】

孟子说：“鱼是我喜欢吃的，熊掌也是我喜欢吃的；如果两样不能都吃，我就舍弃鱼而吃熊掌。生命是我想拥有的，正义也是我想拥有的；如果不能两样都拥有，我就舍弃生命而坚持正义。生命是我想拥有的，但是还有比生命更使我想拥有的，所以我不愿意苟且偷生。死亡是我厌恶的，但是还有比死亡更使我厌恶的，所以我不愿意因为厌恶死亡而逃避某些祸患。如果让人想拥有的没有超过生命的，那么，只要是可以活命，什么事情干不出来呢？如果让人厌恶的没有超过死亡的，那么，只要是可以逃避死亡的祸患，什么事情干不出来呢？但也有些人，照此做就可以拥有生命，就照此做；照此做就可以逃避死亡的祸患，却不照此做。由此可知，的确有比生命更使人想拥有的东西，也的确有比死亡更使人厌恶的东西。这种心原本不只是贤人才有，而是人人都有，只不过贤人能够保持它罢了。一篮子饭，一碗汤，吃了便可以活下去，不吃就要饿死。如果吆喝着给人吃，过路的人虽然饿着肚子也不会接受；如果用脚踩踏后再给人吃，就是乞丐也不屑接受。可是现在，万钟的俸禄却有人不问合乎礼义与否就接受了。万钟的俸禄对我有什么好处呢？为了住宅的华丽、妻妾的奉养以及我所认识的穷苦人感激我吗？过去宁肯死亡都不接受的，现在却为了住宅的华丽而接受了；过去宁肯死亡都不接受的，现在却为了妻妾的奉养而接受了；过去宁肯死亡都不接受的，现在却为了我所认识的穷苦人感激我而接受了。这些不是可以停止的吗？这种做法叫作丧失了本性。”

第七章

【原文】

孟子曰："仁，人心也；义，人路也。舍其路而弗由，放[①]其心而不知求，哀哉！人有鸡犬放，则知求之；有放心而不知求。学问之道无他，求其放心而已矣。"

【注释】

①放：放任，失去。

【译文】

孟子说："仁是人的本心；义是人的大道。放弃了大道不走，失去了本心而不知道寻求，真是悲哀啊！有的人，鸡狗丢失了倒晓得去找回来，本心失去了却不晓得去寻求。学问之道没有别的什么，不过就是把那失去的本心找回来罢了。"

第八章

【原文】

孟子曰："今有无名之指，屈而不信[①]，非疾痛害事也，如有能信之者，则不远秦、楚之路，为指之不若人也。指不若人，则知恶之；心不若人，则不知恶。此之谓不知类[②]也。"

【注释】

①信：同“伸”。

②不知类：不知轻重，舍本逐末。

【译文】

孟子说：“现在有人，他的无名指弯曲而不能伸直，虽然并不疼痛，也不妨碍做事情，但只要有人能使它伸直，就是到秦国、楚国去，也不会嫌远，为的是无名指不如别人。无名指不如别人，就知道厌恶；心不如别人，却不知道厌恶。这叫作不知轻重，舍本逐末。”

第九章

【原文】

孟子曰："人之于身也，兼所爱。兼所爱，则兼所养也。无尺寸之肤不爱焉，则无尺寸之肤不养也。所以考其善不善者，岂有他哉？于己取之而已矣。体有贵贱，有小大。无以小害大，无以贱害贵。养其小者为小人，养其大者为大人。今有场师，舍其梧槚[①]，养其樲棘[②]，则为贱场师焉。养其一指而失其肩背，而不知也，则为狼疾[③]人也。饮食之人，则人贱之矣，为其养小以失大也。饮食之人无有失也，则口腹岂适[④]为尺寸之肤哉？"

【注释】

①梧：梧桐。槚：即楸树，也是一种木质很好的树。

②樲：酸枣。棘：荆棘。

③狼疾：同“狼藉”，昏乱，糊涂。

④適。通啻”，仅仅，只。

【译文】

孟子说：“人对于身体，哪一部分都爱护。都爱护，便都保养。没有一尺一寸的肌肤不爱护，便没有一尺一寸的肌肤不保养。考察她护养得好不好，难道有别的方法吗？不过是看他注重的是身体的哪一部分罢了。身体有重要的部分，有次要的部分；有小的部分，也有大的部分。不要因为小的部分而损害大的部分，不要因为次要部分而损害重要的部分。护养小的部分的是小人，护养大的部分的是大人。如果有一位园艺师，舍弃梧桐楸树，却去培养酸枣荆棘，那就是一位很糟糕的园艺师。如果有人为护养一根指头而失去整个肩背，自己还不明白，那便是个糊涂透顶的人。那种只晓得吃吃喝喝的人之所以受到人们的鄙视，就因为他护养了小的部分而失去了大的部分。如果说他没有失去什么的话，那么，一个人的吃喝难道就只是为了护养那一尺一寸的肌肤吗？”

第十章

【原文】

公都子问曰："钧[①]是人也，或为大人，或为小人，何也？"

孟子曰："从其大体为大人，从其小体为小人。"

曰："钧是人也，或从其大体，或从其小体，何也？"

曰："耳目之官不思，而蔽于物。物交物，则引之而已矣。心之官则思，思则得之，不思则不得也。此天之所与我[②]者。先立乎其大者，则其小者不能夺也。此为大人而已矣。"

【注释】

①钧：同“均”。

②我：泛指人类。

【译文】

公都子问道：“同样是人，有的成为君子，有的成为小人，这是为什么呢？”

孟子说：“注重身体重要部分的成为君子，注重身体次要部分的成为小人。”

公都子说：“同样是人，有的人注重身体重要部分，有的人注重身体次要部分，这又是为什么呢？”

孟子说：“眼睛耳朵这类器官不会思考，所以被外物所蒙蔽，一与外物相接触，便容易被引入迷途。心这个器官则有思考的能力，一思考就会有所得，不思考就得不到。这是上天特意赋予我们人类的。所以，首先把心这个身体的重要部分树立起来，其他次要部分就不会被引入迷途。这样便可以成为君子了。”

第十一章

【原文】

孟子曰：“有天爵者，有人爵者。仁义忠信，乐善不倦，此天爵也；公卿大夫，此人爵也。古之人修其天爵，而人爵从之。今之人修其天爵，以要①人爵，既得人爵，而弃其天爵，则惑之甚者也，终亦必亡而已矣。”

【注释】

①要：即“邀”，求取，追求。

【译文】

孟子说：“有天赐的爵位，有人授的爵位。仁义忠信，不厌倦地乐于行善，这是天赐的爵位；公卿大夫，这是人授的爵位。古代人修养天赐的爵位，水到渠成地获得人授的爵位。现在的人修养天赐的爵位，其目的就在于得到人授的爵位；一旦得到人授的爵位，便抛弃了天赐的爵位。这可真是糊涂得很啊！最终连人授的爵位也必定会失去。”

第十二章

【原文】

孟子曰："欲贵者，人之同心也。人人有贵于己者，弗思耳。人之所贵者，非良贵也。赵孟[①]之所贵，赵孟能贱之。《诗》云：'既醉以酒，既饱以德[②]。'言饱乎仁义也，所以不愿[③]人之膏粱[④]之味也；令闻广誉施于身，所以不愿人之文绣[⑤]也。"

【注释】

①赵孟：春秋时晋国正卿赵盾，字孟。他的子孙如著名的赵文子赵武、赵简子赵鞅、赵襄子赵无恤等都因袭赵盾而称赵孟。这里以赵孟代指有权势的人物，不一定具体指哪一个。

②既醉以酒，既饱以德：引自《诗经·大雅·既醉》。

③愿：羡慕。

④膏粱：肥肉叫膏；精细色白的小米叫粱，而不是指今日的高粱。

⑤文绣：古代要有爵位的人才能穿有文绣的衣服。

【译文】

孟子说："希望尊贵，这是人们的共同心理。不过，每个人其实都有可尊贵的东西，只不过平时没有去想到它罢了。别人所给予的尊贵，并不是真正的尊贵。赵孟使你尊贵，赵孟也同样可以使你下贱。《诗经》说：‘酒已经醉了，德已经饱了。’这是说仁义道德很充实，也就不羡慕别人的美味佳肴了；四方传播的好名声在我身上，也就不羡慕别人的绣花衣裳了。”

第十三章

【原文】

孟子曰："仁之胜不仁也，犹水胜火。今之为仁者，犹以一杯水救一车薪之火也；不熄，则谓之水不胜火。此又与[①]于不仁之甚者也，亦终必亡而已矣。"

【注释】

①与：助。

【译文】

孟子说：“仁胜过不仁，就像水可以灭火一样。但如今奉行仁道的人，就像用一杯水去灭一车柴草所燃烧的大火一样，灭不了，没说是水不能够灭火。这样的说法正好又大大助长了那些不仁之徒，结果连他们原本奉行的一点点仁道也必然会最终失去。”

第十四章

【原文】

孟子曰："羿之教人射，必志于彀①。学者亦必志于彀。大匠诲人，必以规矩，学者亦必以规矩。"

【注释】

①志：期望。彀：拉满弓。

【译文】

孟子说："羿教人射箭，总是期望把弓拉满，学的人也总是期望把弓拉满。高明的工匠教人手艺必定依照一定的规矩，学的人也就必定依照一定的规矩。"

告子下

第一章

【原文】

任[①]人有问屋庐子[②]曰："礼与食孰重？"

曰："礼重。"

"色与礼孰重？"

曰："礼重。"

曰："以礼食，则饥而死；不以礼食，则得食，必以礼乎？亲迎[③]，则不得妻；不亲迎，则得妻，必亲迎乎？"

屋庐子不能对，明日之邹，以告孟子。

孟子曰："於！答是也，何有？不揣其本，而齐其末，方寸之木可使高于岑楼[④]。金重于羽者，岂谓一钩金[⑤]与一舆羽之谓哉？取食之重者与礼之轻者而比之，奚翅[⑥]食重？取色之重者与礼之轻者而比之，奚翅色重？往应之曰：'紾[⑦]兄之臂而夺之食，则得食；不紾，则不得食，则将紾之乎？窬东家墙而搂其处子[⑧]，则得妻；不搂，则不得妻，则将搂之乎？'"

【注释】

①任：春秋时国名，故址在今山东济宁。

②屋庐子：孟子的学生。

③亲迎：古代婚姻制度，新郎亲迎新娘。这里代指按礼制娶亲。

④岑楼：尖顶高楼。

⑤钩：衣带钩。一钩金即一衣带钩那样一点点金。

⑥翅：同“啻”，只，止，但。

⑦紾：扭转。

⑧处子：处女。

【译文】

有个任国人问屋庐子说：“礼和食哪样重要？”屋庐子说：“礼重要。”那人问：“娶妻和礼哪样重要？”

屋庐子说：“礼重要。”

那人又问：“如果非要按照礼节才吃，就只有饿死；不按照礼节而吃，就可以得到吃的，那还是一定要按照礼节吗？如果非要按照‘亲迎’的礼节娶妻，就娶不到妻子；不按照‘亲迎’的礼节娶妻，就可以娶到妻子，那还是一定要‘亲迎’吗？”

屋庐子不能回答，第二天就到邹国，把这话告诉了孟子。

孟子说：“回答这个问题有什么困难呢？如果不比较基础的高低是否一致，只比较顶端，那么，一块一寸见方的木头可以使它高过尖顶高楼。我们说金属比羽毛重，难道是说一个衣带钩的金属比一车羽毛还重吗？拿吃的重要方面和礼的细节相比较，何止于吃的重要？拿娶妻的重要方面和礼的细节相比较，何止于娶妻重要？你去这样答复他：‘扭折哥哥的胳膊，抢夺他的食物，就可以得到吃的；不扭，便得不到吃的，那会去扭吗？爬过东边人家的墙壁去搂抱人家的处女，就可以得到妻子；不去搂抱，便得不到妻子，那会去搂抱吗？’”

第二章

【原文】

曹交①问曰："人皆可以为尧、舜，有诸？"

孟子曰："然。"

"交闻文王十尺，汤九尺，今交九尺四寸以长，食粟而已，如何则可？"

曰："奚有于是？亦为之而已矣。有人于此，力不能胜一匹雏②，则为无力人矣；今日举百钧，则为有力人矣。然则举乌获③之任，是亦为乌获而已矣。夫人岂以不胜为患哉？弗为耳。徐行后长者谓之弟，疾行先长者谓之不弟。夫徐行者，岂人所不能哉？所不为也。尧、舜之道，孝弟而已矣。子服尧之服，诵尧之言，行尧之行，是尧而已矣。子服桀之服，诵桀之言，行桀之行，是桀而已矣。"

曰："交得见于邹君，可以假馆④，愿留而受业于门。"

曰："夫道若大路然，岂难知哉？人病不求耳。子归而求之，有馀师。"

【注释】

①曹交：赵岐注认为是曹君的弟弟，名交。但孟子的时代曹国已亡，所以也不确切。

②一匹雏：一只小鸡。

③乌获：古代传说中的大力士。

④假馆：借客舍，意为找一个住处。

【译文】

曹交问道："人人都可以做尧、舜，有这说法吗？"

孟子说："有。"

曹交说："我听说文王身高一丈，汤身高九尺，如今我身高九尺四寸多，却只会吃饭罢了，要怎样做才行呢？"

孟子说："这有什么关系呢？只要去做就行了。要是有人，自以为他连一只小鸡都提不起来，那他便是一个没有力气的人。如果有人说自己能够举起三千斤，那他就是一个很有力气的人。同样的道理，举得起乌获所举的重量的，也就是乌获了。人难道以不能胜任为忧患吗？只是不去做罢了。比如说，慢一点走，让在长者之后叫作悌；快一点走，抢在长者之前叫作不悌。那慢一点走难道是人做不到的吗？不那样做而已。尧舜之道，不过就是孝和悌罢了。你穿尧的衣服，说尧的话，做尧的事，你便是尧了。你穿桀的衣服，说桀的话，做桀的事，你便是桀了。”

曹交说：“我准备去拜见邹君，向他借个住处，情愿留在您的门下做学生。”

孟子说：“道就像大路一样，难道难于了解吗？只怕人不去寻求罢了。你回去自己寻求吧，老师多得很呢。”

第三章

【原文】

宋牼[1]将之楚，孟子遇于石丘[2]，曰："先生将何之？"

曰："吾闻秦、楚构兵[3]，我将见楚王说[4]而罢之。楚王不悦，我将见秦王说而罢之。二王我将有所遇[5]焉。"

曰："轲也请无问其详，愿闻其指[6]。说之将何如？"

曰："我将言其不利也。"

曰："先生之志则大矣，先生之号[7]则不可。先生以利说秦、楚之王，秦、楚之王悦于利，以罢三军之师，是三军之士乐罢而悦于利也。为人臣者怀利以事其君，为人子者怀利以事其父，为人弟者怀利以事其兄，是君臣、父子、兄弟终去仁义，怀利以相接，然而不亡者，未之有也。先生以仁义说秦、楚之王，秦、楚之王悦于仁义，而罢三军之师，是三军之士乐罢而悦于仁义也。为人臣者怀仁义以事其君，为人子者怀仁义以事其父，为人弟者怀仁义以事其兄，是君臣、父子、兄弟去利，怀仁义以相接也，然而不王者，未之有也。何必曰利？"

【注释】

①宋牼：战国时宋国著名学者，反对战争，主张和平。

②石丘：地名，其址不详。

③构兵：交战。

④说：劝说。

⑤遇：说而相合。

⑥指：同“旨”，大概，大意。

⑦号：提法。

【译文】

宋牼准备到楚国去，孟子在石丘这个地方遇上了他。孟子问：“先生准备到哪里去？”

宋牼说：“我听说秦楚两国交战，我准备去见楚王，劝说他罢兵。如果楚王不听，我准备去见秦王，劝说他罢兵。在两个王中，我总会劝说通一个。”

孟子说：“我不想问得太详细，只想知道你的大意，你准备怎样去劝说他们呢？”

宋轻说："我将告诉他们，交战是很不利的。"

孟子说："先生的动机是很好的，可是先生的提法却不行。先生用利去劝说秦王楚王，秦王楚王因为有利而高兴，于是停止军事行动；军队的官兵也因为有利而高兴，于是乐于罢兵。做臣下的心怀利害关系来侍奉君主，做儿子的心怀利害关系来侍奉父亲，做弟弟的心怀利害关系来侍奉哥哥，这就会使君臣之间、父子之间、兄弟之间都完全去掉仁义，心怀利害关系来互相对待，这样不使国家灭亡的，是没有的。若是先生以仁义的道理去劝说秦王楚王，秦王楚王因仁义而高兴，于是停止军事行动；军队的官兵也因仁义而高兴，于是乐于罢兵。做臣下的心怀仁义来侍奉君主，做儿子的心怀仁义来侍奉父亲，做弟弟的心怀仁义来侍奉哥哥，这就会使君臣之间、父子之间，兄弟之间都完全去掉利害关系，心怀仁义来互相对待，这样还不能够使天下归服的，是没有的。何必要去谈'利'呢？"

第四章

【原文】

孟子曰："今之事君者皆曰：'我能为君辟土地，充府库。'今之所谓良臣，古之所谓民贼也。君不乡道[1]，不志于仁，而求富之，是富桀也。'我能为君约与国[2]，战必克。'今之所谓良臣，古之所谓民贼也。君不乡道，不志于仁，而求为之强战，是辅桀也。由今之道，无变今之俗，虽与之天下，不能一朝居也。"

【注释】

①乡道：向往道德。乡，同“向”，向往。

②与国：盟国。

【译文】

孟子说：“如今服侍国君的人都说：‘我能为国君开拓土地，充实府库。’如今所说的好臣子，正是古代所说的残害百姓的人。国君不向往道德，不立志行仁，却去想法让他富有，这等于是去让夏桀富有。又说：‘我能够替国君邀约盟国，每战一定胜利。’如今所说的好臣子，正是古代所说的残害百姓的人。国君不向往道德，不立志行仁，却去想让他武力强大，这等于是去帮助夏桀从如今这样的道路走下去，不改变如今的风俗习气，即便把整个天下给他，也是一天都坐不稳的。”

第五章

【原文】

白圭[①]曰："吾欲二十而取一，何如？"

孟子曰："子之道，貉[②]道也。万室之国，一人陶，则可乎？"

曰："不可，器不足用也。"

曰："夫貉，五谷不生，惟黍生之；无城郭、宫室、宗庙、祭祀之礼，无诸侯币帛饔飧[③]，无百官有司，故二十取一而足也。今居中国，去人伦，无君子[④]，如之何其可也？陶以寡，且不可以为国，况无君子乎？欲轻之于尧、舜之道者，大貉小貉也；欲重之于尧、舜之道者，大桀小桀也。"

【注释】

①白圭：名丹，曾做过魏国的宰相。筑堤治水很有名。

②貉：又作“貊”，古代北方的一个小国。

③饔：早餐。飧：晚餐。这里以饔飧代指请客吃饭的礼节。

④去人伦，无君子：去人伦指无君臣、祭祀、交际的礼节；无君子指无百官有司。

【译文】

白圭说：“我想定税率为二十抽一，怎么样？”

孟子说：“你的办法是貉国的办法。一个有一万户人的国家。只有一个人做陶器，怎么样？”

白圭说：“不可以，因为陶器会不够用。”

孟子说：“貉国，五谷不能生长，只能长黍子；没有城墙、宫廷、祖庙和祭祖的礼节，没有诸侯之间的往来送礼和宴饮，也没有各种衙署和官吏，所以二十抽一便够了。如今在中原国家，取消社会伦常，不要各种官吏，那怎么能行呢？做陶器的人太少，尚且不能够使一个国家搞好，何况没有官吏呢？想要比尧舜十分抽一的税率更轻的，是大貉小貉；想要比尧舜十分抽一的税率更重的，是大桀小桀。”

第六章

【原文】

白圭曰：“丹之治水[①]也愈于禹。”

孟子曰：“子过矣。禹之治水，水之道也，是故禹以四海为壑[②]。今吾子以邻国为壑。水逆付谓之洚[③]水。洚水者，洪水也——仁人之所恶也。吾子过矣。”

【注释】

①丹之治水：白圭治水的方法，据《韩非子·喻老篇》记载，主要在于筑堤塞穴，所以孟子要指责他“以邻国为壑”。

②壑：本义为沟壑，这里扩大指受水患处。

③洚：大水泛滥。

【译文】

白圭说：“我治理水比大禹还强。”

孟子说：“你错了。大禹治理水患，是顺着水的本性而疏导，所以使水流汪于四海。如今你却使水流到邻近的国家去。水逆流而行叫作洚水。洚水就是洪水——是仁慈的人厌恶的。你错了。”

第七章

【原文】

孟子曰："君子不亮[①]，恶乎执？"

【注释】

①亮：同“谅”，诚信。

【译文】

孟子说：“君子不讲诚信，怎么能够有操守呢？”

第八章

【原文】

鲁欲使乐正子[①]为政。孟子曰："吾闻之，喜而不寐。"

公孙丑曰："乐正子强乎？"

曰："否。"

"有知虑乎？"

曰："否。"

"多闻识乎？"

曰："否。"

"然则奚为喜而不寐？"

曰："其为人也好善[②]。"

"好善足乎？"

曰："好善优于天下[③]，而况鲁国乎？夫苟好善，则四海之内皆将轻[④]千里而来告之以善；夫苟不好善，则人将曰：

‘訑訑[6]，予既[6]已知之矣。’訑訑之声音颜色距[7]人于千里之外。士止于千里之外，则谗谄面谀[8]之人至矣。与谗谄面谀之人居，国欲治，可得乎？”

【注释】

①乐正子：复姓乐正，名克。

②好善：这里特指喜欢听取善言。

③优于天下：优于治天下的意思。优，充足。

④轻：易，容易，不以为难。

⑤訑訑：自满的样子。

⑥既：尽，都。

⑦距：同“拒”。

⑧谗：说陷害人的坏话。谄：巴结，奉承。谀：讨好逢迎。

【译文】

鲁国打算让乐正子治理国政。孟子说：“我听到这一消息，欢喜得睡不着觉。”

公孙丑问：“乐正子很有能力吗？”

孟子说：“不。”

公孙丑问："有智慧有远见吗？"

孟子说："不。"

公孙丑问："见多识广吗？"

孟子说："不。"

公孙丑问："那您为什么高兴得睡不着觉呢？"

孟子回答说："他为人喜欢听取善言。"

公孙丑问："喜欢听取善言就够了吗？"

孟子说："喜欢听取善言足以治理天下，何况治理鲁国呢？假如喜欢听取善言，四面八方的人从千里之外都会赶来把善言告诉他；假如不喜欢听取善言，那别人就会模仿他说：'呵呵，我都已经知道了！'呵呵的声音和脸色就会把别人拒绝于千里之外。士人在千里之外停止不下来，那些进谗言的奉承之人就会来到。与那些进谗言的奉承之人住在一起，要想治理好国家，办得到吗？"

第九章

【原文】

孟子曰："舜发于畎亩[①]之中，傅说[②]举于版筑[③]之间，胶鬲[④]举于鱼盐之中，管夷吾举于士[⑤]，孙叔敖举于海[⑥]，百里奚举于市[⑦]。故天将降大任于是人也，必先苦其心志，劳其筋骨，饿其体肤，空乏其身，行拂乱其所为，所以动心忍性，曾[⑧]益其所不能。人恒过，然后能改；困于心，衡[⑨]于虑，而后作；征[⑩]于色，发于声，而后喻。入则无法家拂士[⑪]，出则无敌国外患者，国恒亡。然后知生于忧患而死于安乐也。"

【注释】

①畎亩：田间，田地。

②傅说：殷武丁时人，曾为刑徒，在傅险筑墙，后被武丁发现，举用为相。

③版筑：一种筑墙工作，在两块墙版中，填入泥土夯实。

④胶鬲：殷周时人，曾以贩卖鱼、盐为生，周文王把他举荐给纣，后辅佐周武王。

⑤管夷吾：管仲。士：此处指狱囚管理者。当年齐桓公和公子纠争夺君位，公子纠失败后，管仲随他一起逃到鲁国，齐桓公知道他贤能，所以要求鲁君杀死公子纠，而把管仲押回自己处理。鲁君于是派狱囚管理者押管仲回国，结果齐桓公用管仲为宰相。

⑥孙叔敖：是春秋时楚国的隐士，隐居海边，被楚王发现后任为令尹（宰相）。

⑦百里奚举于市：春秋时的贤人百里奚，流落

在楚国，秦穆公用五张羊皮的价格把他买回，任为宰相，所以说“举于市”。

⑧曾：同“增”。

⑨衡：通“横”，指横塞。

⑩征：表征，表现。

⑪法家拂士：法家，有法度的大臣；拂，假借为“弼”，辅佐；拂士即辅佐的贤士。

【译文】

孟子说：“舜从田间劳动中成长起来，傅说从筑墙的工作中被选拔出来，胶鬲被选拔于鱼盐的买卖之中，管仲被提拔于囚犯的位置上，孙叔敖从海边被发现，百里奚从市场上被选拔。所以，上天将要把重大使命降落到某人身上，一定要先使他的意志受到磨炼，使他的筋骨受到劳累，使他的身体忍饥挨饿，使他备受穷困之苦，做事总是不能顺利。这样来震动他的心志，坚韧他的性情，增长他的才能。人总是要经常犯错误，然后才能改正错误；心气郁结，殚思极虑，然后才能奋发而起；显露在脸色上，表达在声音中，然后才能被人了解。一个国家，内没有守法的大臣和辅佐的贤士，外没有敌对国家的忧患，往往容易亡国。由此可以知道，忧患使人生存，安逸享乐却足以使人败亡。”

第十章

【原文】

孟子曰："教亦多术矣。予不屑之教诲也者，是亦教诲之而已矣。"

【译文】

孟子说："教育也有多种方式方法。我不屑于教诲他，本身就是对他的教诲。"

尽心上

第一章

【原文】

孟子曰："尽其心者，知其性也。知其性，则知天矣。存其心，养其性，所以事天也。殀寿不贰，修身以俟之，所以立命也。"

【译文】

孟子说："充分运用心灵思考的人，是知道人的本性的人。知道人的本性，就知道天命。保持心灵的思考，涵养本性，这就是对待天命的方法。无论短命还是长寿都一心一意地修身以等待天命，这就是安身立命的方法。"

第二章

【原文】

孟子曰："莫非命也，顺受其正。是故知命者不立乎岩墙之下。尽道而死者，正命也；桎梏死者，非正命也。"

【译文】

孟子说："一切都是命运，顺应它就承受正常的命运。所以知道命运的人不站在危险的墙下。尽力行道而死的人，所承受的是正常的命运；犯罪受刑而死的人，所承受的是非正常的命运。"

第三章

【原文】

孟子曰："求则得之，舍则失之，是求有益于得也，求在我者也。求之有道，得之有命，是求无益于得也，求在外者也。"

【译文】

孟子说："求索就能得到，放弃便会失去，这种求索有益于得到，因为所求的东西就在我自身。求索有一定的方法，能否得到却决定于天命，这种求索无益于得到，因为所求的东西是身外之物。"

第四章

【原文】

孟子曰：“万物皆备于我矣。反身而诚，乐莫大焉。强恕而行求仁莫近焉。”

【译文】

孟子说："万物我都具备了。反躬自问诚实无欺，便是最大的快乐。尽力按恕道办事，便是最接近仁德的道路。"

第五章

【原文】

孟子曰："行之而不著焉，习矣而不察焉，终身由之而不知其道者，众也。"

【译文】

孟子说："做一件事不明白为什么要做，习惯了不想想为什么习惯，一辈子随波逐流不知去向何方，这样的人是平庸的人。"

第六章

【原文】

孟子曰："人不可以无耻。无耻之[①]耻，无耻矣。"

【注释】

①之：至。

【译文】

孟子说："人不可以不知羞耻。从不知羞耻到知道羞耻，就可以免于羞耻了。"

第七章

【原文】

孟子曰："耻之于人大矣！为机变[①]之巧者，无所用耻焉。不耻不若人，何若人有？"

【注释】

①机变：奸诈。

【译文】

孟子说："羞耻之心对于人至关重要！搞阴谋诡计的人是不知羞耻的。不以自己不如别人为羞耻，怎么赶得上别人呢？"

第八章

【原文】

孟子曰："古之贤王好善而忘势；古之贤士何独不然？乐则而忘人之势。故王公不致敬尽礼，则不得亟[1]见之。见且由不得亟；而况得而臣之乎？"

【注释】

①亟：多次。

【译文】

孟子说：“古代的贤明君王喜欢听取善言，不把自己的权势放在心上。古代的贤能之士又何尝不是这样呢？乐于自己的学说，不把他人的权势放在心上。所以，即使是王公贵人，如果不对他恭敬地尽到礼数，也不能够多次和他相见。相见的次数尚且不能够多，何况要他做臣下呢？”

第九章

【原文】

孟子谓宋勾践[①]曰："子好游[②]乎？吾语子游：人知之，亦嚣嚣[③]；人不知，亦嚣嚣。"

曰："何如斯可以嚣嚣矣？"

曰："尊德乐义，则可以嚣嚣矣。故士穷不失义，达不离道。穷不失义，故士得己[④]焉；达不离道，故民不失望焉。古之人，得志，泽加于民；不得志，修身见于世。穷则独善其身，达则兼善天下。"

【注释】

①宋勾践：人名，姓宋，名勾践，生平不详。

②游：指游说。

③嚣嚣：安详自得的样子。

④得己：即自得。

【译文】

孟子对宋勾践说："你喜欢游说各国的君主吗？我告诉你游说的态度：别人理解也安详自得；别人不理解也安详自得。"

宋勾践问："怎样才能做到安详自得呢？"

孟子说："尊崇道德，喜爱仁义，就可以安详自得了。所以士人穷困时不失去仁义；显达时不背离道德。穷困时不失去仁义，所以安详自得；显达时不背离道德，所以老百姓不失望。古代的人，得志时恩惠施于百姓；不得志时修养自身以显现于世。穷困时独善其身，显达时兼善天下。"

第十章

【原文】

孟子曰：“待文王而后兴者，凡民也。若夫豪杰之士，虽无文王犹兴。”

【译文】

孟子说："一定要等待有周文王那样的人出现后才奋发的，是平庸的人，至于豪杰之士，即使没有周文王那样的人出现，自己也能奋发有为。"

第十一章

【原文】

孟子曰："仁言不如仁声之入人深也，善政不如善教之得民也。善政，民畏之；善教，民爱之。善政得民财，善教得民心。"

【译文】

孟子说："仁德的言语不如仁德的声望那样深入人心，好的政令不如好的教育那样赢得民众。好的政令，百姓畏服；好的教育，百姓喜爱。好的政令得到百姓的财富，好的教育得到白姓的心。"

第十二章

【原文】

孟子曰："人之所不学而能者，其良能也；所不虑而知者，其良知也[①]。孩提之童[②]无不知爱其亲者，及其长也，无不知敬其兄也。亲亲，仁也；敬长，义也。无他，达之天下也。"

【注释】

①良：指本能的，天然的。良能、良知已作为专门的哲学术语，以不译为妥。

②孩提之童：指两三岁之间的小孩子。

【译文】

孟子说："人不用学习就能的，是良能；不用思考就知道的，是良知。两三岁的小孩子没有不知道爱他父母的，等到他长大，没有不知道尊敬他兄长的。亲爱父母是仁；尊敬兄长是义。没有其他原因，因为这两种品德通行天下。"

第十三章

【原文】

孟子曰："人之有德慧术知者，恒存乎疢疾[①]。独孤臣孽子[②]，其操心也危，其虑患也深，故达。"

【注释】

①疢疾：灾患。

②孽子：古代常一夫多妻，非嫡妻所生之子叫庶子，也叫孽子，一般地位卑贱。

【译文】

孟子说："人的品德、智慧、本领、知识，往往产生于灾患之中。那些受疏远的大臣和贱妾所生的儿子，经常操心着危难之事，深深忧虑着祸患降临，所以能通达事理。"

第十四章

【原文】

孟子曰：“有事君人者，事是君则为容悦者也；有安社稷臣者。以安社稷为悦者也。有天民者，达可行于天下而后行之者也。有大人者，正己而物正者也。”

【译文】

孟子说："有侍奉君主的人，专以讨得君主的欢心为喜悦；有安定国家的臣，以安定国家为喜悦；有顺应天理的人，当他的主张能行于天下时，他才去实行；有伟大的人，端正自己，天下万物便随之端正。"

第十五章

【原文】

孟子曰："君子有三乐，而王天下不与存焉。父母俱存，兄弟无故[①]，一乐也；仰不愧于天，俯不怍[②]于人，二乐也；得天下英才而教育之，三乐也。君子有三乐，而王天下不与存焉。"

【注释】

①故：事故，指灾患病丧。

②怍：惭愧。

【译文】

孟子说："君子有三大快乐，以德服天下不在其中。父母健在，兄弟平安，这是第一大快乐；上不愧对于天，下不愧对于人，这是第二大快乐；得到天下优秀的人才进行教育，这是第三大快乐。君子有三大快乐，以德服天下不在其中。"

第十六章

【原文】

孟子曰："广土众民，君子欲之，所乐不存焉；中天下而立，定四海之民，君子乐之，所性不存焉。君子所性，虽大行[①]不加焉，虽穷居不损焉，分定故也。君子所性，仁义礼智根于心，其生色也睟然[②]，见于面，盎[③]于背，施于四体，四体不言而喻。"

【注释】

①大行：指理想、抱负行于天下。

②睟然：颜色润泽。

③盎：显露。

【译文】

孟子说："拥有广阔的土地、众多的人民，这是君子所向往的，但却不是他的快乐所在；立于天下的中央，安定天下的百姓，这是君子的快乐，但却不是他的本性所在。君子的本性，纵使他的抱负实现也不会增加，纵使他穷困也不会减少，因为他的本分已经固定。君子的本性，仁义礼智植根于内心，外表神色清和润泽，呈现于脸面，流溢于肩背，充实于四肢，四肢的动作，不用言语，别人也能理解。"

第十七章

【原文】

孟子曰："易其田畴[①]，薄其税敛，民可使富也。食之以时，用之以礼，财不可胜用也。民非水火不生活，昏暮叩人之门户求水火，无弗与者，至足矣[②]。圣人治天下，使有菽粟如水火。菽粟如水火，而民焉有不仁者乎？"

【注释】

①易其田畴：易，治，耕种；田畴，田地。

②矣：这里的用法同“也”。

【译文】

孟子说：“搞好耕种，减轻税收，可以使老百姓富足。饮食有一定时候，费用有一定节制，财物便用之不尽。老百姓离开了水与火就不能够生活，可是，当有人黄昏夜晚敲别人的门求水与火时，没有不给与的。为什么呢？因为水火都很充足。圣人治理天下，使百姓的粮食像水与火一样充足。粮食像水与火一样充足了，老百姓哪有不仁慈的呢？”

第十八章

【原文】

孟子曰："孔子登东山[1]而小鲁，登泰山而小天下。故观于海者难为水，游于圣人之门者难为言。观水有术，必观其澜。日月有明，容光[2]必照焉。流水之为物也，不盈科不行；君子之志于道也，不成章[3]不达。"

【注释】

①东山：即蒙山，在今山东蒙阴县南。

②容光：指能够容纳光线的小缝隙。

③成章：《说文》解释：“乐竟为一章。”由此引申，指事物达到一定阶段或有一定规模。

【译文】

孟子说：“孔子登上东山，就觉得鲁国变小了；登上泰山，就觉得整个天下都变小了。所以，观看过大海的人，便难以被其他水所吸引了；在圣人门下学习过的人，便难以被其他言论所吸引了。观看水有一定的方法，一定要观看它壮阔的波澜。太阳月亮有光辉，不放过每条小缝隙；流水有规律，不把坑坑洼洼填满不向前流；君子立志于道，不到一定的程度不能通达。”

第十九章

【原文】

孟子曰："鸡鸣而起，孳孳为善者，舜之徒也；鸡鸣而起，孳孳为利者，跖[②]之徒也。欲知舜与跖之分，无他，利与善之间[③]也。"

【注释】

①孳孳：同“孜孜”，勤勉不懈。

②跖：相传为柳下惠的弟弟，春秋时的大盗，所以又称“盗跖”。

③间：区别，差异。

【译文】

孟子说：“鸡叫便起床，孜孜不倦地行善的人，是舜一类的人物；鸡叫便起床，孜孜不倦地求利的人，是盗跖一类的人物。要想知道舜和跖有什么区别，没有别的，利和善的不同罢了。”

第二十章

【原文】

孟子曰："杨子取为我[①]，拔一毛而利天下，不为也。墨子兼爱[②]，摩顶放踵[③]利天下，为之。子莫[④]执中。执中为近之。执中无权，犹执一也。所恶执一者，为其贼道也，举一而废百也。"

【注释】

①杨子：战国初期哲学家，名朱，魏国人。他的学说与墨子的学说在战国时代都很流行。他重视个人利益，反对别人对自己的侵夺，但也反对侵夺别人。他没有留下著作，事迹见于《孟子》《庄子》《韩非子》《吕氏春秋》等，《列子》里有《杨朱篇》，但不一定可靠。

②墨子兼爱：墨子（约前468—前376），春秋战国之际的思想家、政治家，墨家学派的创始人，名翟。相传原为宋国人，后长期住在鲁国。"兼爱"是他的基本思想之一。

③摩顶放踵：从头顶到脚跟都模仿，形容不畏劳苦，不畏劳苦，不顾体伤。放，到。

④子莫：战国时鲁国人，其事迹已不可考。

【译文】

孟子说："杨朱主张为自己，即使拔一根毫毛而有利于天下，他都不肯干。墨子主张兼爱，即便是从头顶到脚跟都模仿，只要是对天下有利，他都肯干。子莫则主张中道。主张中道本来是不错的，但如果只知中道而不知道权变，那也就和执着一点一样了。为什么厌恶执着一点呢？因为它会损害真正的道，只是坚持一点而废弃了其余很多方面。”

第二十一章

【原文】

孟子曰：“饥者甘食，渴者甘饮。是未得饮食之正也，饥渴害之也。岂惟口腹有饥渴之害？人心亦皆有害。人能无以饥渴之害为心害，则不及人不为忧矣。”

【译文】

孟子说："饥饿的人觉得任何食物都是美味的，干渴的人觉得任何饮料都是可口的。他们不能够吃喝出饮料和食物的正常滋味，是由于饥饿和干渴的妨害。难道只有嘴巴和肚子有饥饿和干渴的妨害吗？心灵也同样有妨害。一个人能够不让饥饿和干渴那样的妨害去妨害心灵，那就不会以自己不及别人为忧虑了。"

第二十二章

【原文】

孟子曰：“有为者辟[①]若掘井，掘井九轫[②]而不及泉，犹为弃井也。”

【注释】

①辟：同“譬”。

②九轫：古代量词，一用六尺或八尺，九轫则相当于六七丈。

【译文】

孟子说：“做事好比掘井一样，掘到六七丈深还没有见水，仍然只是一口废井。”

第二十三章

【原文】

公孙丑曰：“《诗》曰：‘不素餐兮！’[①]君子之不耕而食，何也？”孟子曰：“君子居是国也，其君用之，则安富尊荣；其子弟从之，则孝悌忠信。‘不素餐兮！’孰大于是？”

【注释】

①不素餐兮：引自《诗经·魏风·伐檀》。素餐，白吃饭。

【译文】

公孙丑说：“《诗经》说：‘不白吃饭啊！’可君子不种庄稼也吃饭，为什么呢？”孟子说：“君子居住在一个国家，国君用他，就会安定富足，尊贵荣耀；学生们跟随他，就会孝敬父母，尊敬兄长，忠诚而守信用。‘不白吃饭啊！’还有谁比他的贡献更大呢？”

第二十四章

【原文】

王子垫[1]问曰："士何事？"

孟子曰："尚志。"

曰："何谓尚志？"

曰："仁义而已矣。杀一无罪，非仁也，非其有而取之，非义也。居恶在？仁是也；路恶在？义是也。居仁由义，大人之事备矣。"

【注释】

①王子垫：齐王的儿子，名垫。

【译文】

王子垫问道："士做什么事？"

孟子说："使志行高尚。"

王子垫问："使志行高尚指的是什么？"

孟子说："仁和义罢了。杀死一个无罪的人，是不仁；不是自己的东西却去占有，是不义。居住的地方在哪里？仁便是；道路在哪里？义便是。居于仁而行于义，大人的事便齐备了。"

第二十五章

【原文】

桃应[1]问曰："舜为天子，皋陶为士，瞽瞍杀人，则如之何？"

孟子曰："执之而已矣。"

"然则舜不禁与？"

曰："夫舜恶得而禁之？夫有所受之也。"

"然则舜如之何？"

曰："舜视弃天下犹弃敝蹝[2]也。窃负而逃，遵海滨而处，终身䜣然[3]，乐而忘天下。"

【注释】

①桃应：孟子的学生。

②敝蹝：破鞋子。

③䜣：同“欣”。

【译文】

桃应问道：“舜做天子，皋陶做法官，假如舜的父亲瞽瞍杀了人，那怎么办？”

孟子说：“把他逮起来就是了。”

桃应问：“难道舜不阻止吗？”

孟子说：“舜怎么能够阻止呢？皋陶是按所受职责办事。”

桃应问：“那么，舜该怎么办呢？”孟子说：“舜把抛弃天子之位看得像抛弃破鞋子一样。他偷偷地背负父亲逃走，沿着海滨住下来，终身逍遥，快乐地把曾经做过天子的事情忘掉。”

第二十六章

【原文】

孟子自范[1]之齐，望见齐王之子，喟然叹曰："居移气，养移体，大哉居乎！夫非尽人之子与？"

孟子曰："王子宫室、车马、衣服多与人同，而王子若彼者，其居使之然也；况居天下之广居[2]者乎？鲁君之宋，呼于垤泽之门[3]。守者曰：'此非吾君也，何其声之似我君也？'此无他，居相似也。"

【注释】

①范：地名，故城在今山东范县东南二十里，是魏国与齐国之间的要道。

②广居：孟子的“广居”指仁。如《滕文公下》所说：“居天下之广居，立天下之正位。”

③垤泽之门：宋国城门。

【译文】

孟子从范邑到齐都，远远地望见了齐王的儿子，非常感叹地说：“地位改变气度，奉养改变体质，地位是多么重要啊！他不也是人的儿子吗？”

孟子说：“王子的住所、车马、衣服多半与他人相同，而王子像那个样子，是他的地位使他那样的。何况那处在天下最广大地位上的人呢？鲁国的国君到宋国去，在宋国的城门下呼喊。守门的人说：‘这人不是我们的国君，他的声音怎么这样像我们的国君呢？’这没有别的原因，他们的地位相似罢了。”

第二十七章

【原文】

孟子曰："食[①]而弗爱，豕交之也；爱而不敬，兽畜之也。恭敬者，币之未将[②]者也。恭敬而无实，君子不可虚拘。"

【注释】

①食：动词，使之食，引申为奉养。

②币：指礼物。将：送。

【译文】

孟子说："只是养活而不爱，那就如养猪一样；只是爱而不恭敬，那就如养鸟儿养爱犬等畜生一样。恭敬之心是在送出礼物之前有了的。徒具形式的恭敬，君子不可虚留。"

第二十八章

【原文】

孟子曰：“君子之所以教者五：有如时雨化之者，有成德者，有达财[①]者，有答问者，有私淑艾[②]者。此五者，君子之所以教也。”

【注释】

①财：通“才”。

②淑：通“叔”，拾取。艾：同“刈”，取。也就是说，淑、艾同义，“私淑艾”也就是“私淑”，意为私下拾取，指不是直接作为学生，而是自己仰慕而私下自学的。

【译文】

孟子说：“君子教育人的方式有五种：有像及时雨一样滋润感化的；有成全品德的；有培养才能的；有解答疑问的；有以学识风范感化他人使之成为私下弟子的。这五种，就是君子教育人的方式。”

第二十九章

【原文】

公孙丑曰："道则高矣，美矣，宜若登天然，似不可及也；何不使彼为可几及而日孳孳也？"

孟子曰："大匠不为拙工改废绳墨，羿不为拙射变其彀率①。君子引而不发，跃如也。中道而立，能者从之。"

【注释】

①彀率：拉开弓的标准。

【译文】

公孙丑说："道是很高很好的，但就像登天一样，似乎高不可攀。为什么不使它成为可以攀及的因而叫人每天都去勤勉努力呢？"

孟子说："高明的工匠不因为拙劣的工人而改变或者废弃规矩，绝不因为拙劣的射手而改变拉弓的标准。君子张满了弓而不发箭，只做出要射的样子。他恰到好处地做出样子，有能力学习的人便跟着他做。"

第三十章

【原文】

孟子曰："天下有道，以道殉身；天下无道，以身殉道。未闻以道殉乎人者也。"

【译文】

孟子说："天下政治清明的时候，用道义随身行事；天下政治黑暗的时候，用生命捍卫道义。没有听说过牺牲道义而屈从于他人的。"

第三十一章

【原文】

公都子曰："滕更[①]之在门也，若在所礼，而不答，何也？"

孟子曰："挟[②]贵而问，挟贤而问，挟长而问，挟有勋劳而问，挟故而问，皆所不答也。滕更有二焉。"

【注释】

①滕更：滕国国君的弟弟，曾向孟子求学。

②挟：倚仗。

【译文】

公都子说："滕更在您门下学习，似乎应该在以礼相待之列，可是您却不回答他的问题，为什么呢？"

孟子说："倚仗着自己的权势来发问，倚仗着自己贤能来发问，倚仗着自己年长来发问，倚仗着自己有功劳来发问，倚仗着自己是老交情来发问，都是我所不回答的。滕更有这五种中的两种。"

第三十二章

【原文】

孟子曰：“于不可已而已者，无所不已。于所厚者薄，无所不薄也。其进锐者，其退速。”

【译文】

孟子说：“对于不应该停止的却停止了，那就没有什么不可以停止。对于应该厚待的却薄待了，那就没有什么不可以薄待。前进太猛的人，后退也会快。”

第三十三章

【原文】

孟子曰："君子之于物也，爱之而弗仁；于民也，仁之而弗亲。亲亲而仁民，仁民而爱物。"

【译文】

孟子说："君子对于万物，爱惜它，但谈不上仁爱；对于百姓，仁爱，但谈不上亲爱。亲爱亲人而仁爱百姓，仁爱百姓而爱惜万物。"

第三十四章

【原文】

孟子曰："知者无不知也，当务之为急；仁者无不爱也，急亲贤之为务。尧、舜之知而不遍物，急先务也；尧、舜之仁不遍爱人，急亲贤也。不能三年之丧，而缌、[1]小功[2]之察[3]；放饭流歠[4]，而问无齿决[5]，是之谓不知务。"

【注释】

①缌：细麻布，这里代指服丧三个月的孝服，穿这种孝服只服丧三个月，是五种孝服中最轻的一种，如女婿为岳父母服孝就用这种。

②小功：服丧五个月的孝服，是五种孝服中次轻的一种，如外孙为外祖父母服孝就用这种。

③察：指仔细讲求。

④放饭流歠：大吃猛喝。放饭，大吃大嚼的意思；放，副词；饭，动词。流歠，猛喝的意思；流，长，副词；歠，饮，动词。《礼记·曲礼》说："毋放饭，毋流歠。"在尊长者面前大吃猛喝是非常失礼的大不敬行为。

⑤问无齿决：问，讲求；齿决，用牙齿啃，这里指用牙齿啃肉。《礼记·曲礼》说："濡肉齿决，干肉不齿决。"在尊长者面前啃干肉也是不礼貌的行为，但只是小不敬。

【译文】

孟子说："智者没有什么事物不该知道，但是急于知道当前最重要的事情；仁者没有什么人不该爱，但是急于爱德才兼备的贤人。以尧舜的智慧尚且不能够知道一切事物，因为他们急于知道对他们最重要的事情；以尧舜的仁德尚且不能够爱所有的人，因为他们急于爱德才兼备的贤人。如果不能够实行该行三年的丧礼，却对三个月、五个月的丧礼仔细讲求；在尊长者面前大吃猛喝却讲求不要用牙齿啃肉，这就叫作不知道什么是最重要的事物。"

尽心下

第一章

【原文】

孟子曰："春秋无义战。彼善于此，则有之矣。征者，上伐下也，敌国[①]不相征也。"

【注释】

①敌国：指地位相等的国家。“敌”在这里不是“敌对”的意思。

【译文】

孟子说：“春秋时代没有合乎义的战争。那一国或许比这一国要好一点，这样的情况倒是有的。所谓征，是指上讨伐下，同等级的国家之间是不能够相互讨伐的。”

第二章

【原文】

孟子曰："尽信《书》，则不如无《书》。吾于《武成》[①]，取二三策[②]而已矣。仁人无敌于天下，以至仁伐至不仁，而何其血之流杵[③]也？"

【注释】

①《武成》：《尚书》的篇名。现存《武成》篇是伪古文。

②策：竹简。古代用竹简书写，一策相当于我们今天说一页。

③杵：舂米或捶衣的木棒。

【译文】

孟子说："完全相信书，那还不如没有书。我对于《武成》这一篇，就只相信其中的二三页罢了。仁人在天下没有敌手，以周武王这样极为仁道的人去讨伐商纣这样极不仁道的人，怎么会使鲜血流得可以漂起木棒呢？"

第三章

【原文】

孟子曰："梓匠轮舆能与人规矩，不能使人巧。"

【译文】

孟子说："能工巧匠能够教会别人规矩法则，但不能够教会别人巧。"

第四章

【原文】

孟子曰：“民为贵，社稷[1]次之，君为轻。是故得乎丘[2]民而为天子，得乎天子为诸侯，得乎诸侯为大夫。诸侯危社稷，则变置。牺牲[3]既成，粢盛既絜[4]，祭祀以时，然而旱干水溢，则变置社稷。

【注释】

①社稷；社，土神。稷：谷神。古代帝王或诸侯建国时，都要立坛祭祀“社”“稷”，所以，“社稷”又作为国家的代称。

②丘：众。

③牺牲：供祭祀用的牛、羊、猪等祭品。

④粢：粢盛既絜的意思是说，盛在祭器内的祭品已洁净了。

【译文】

孟子说：“百姓最为重要，代表国家的土神谷神次之，国君为轻。所以，得到民心的做天子，得到天子欢心的做国君，得到国君欢心的做大夫。国君危害到国家，就改立国君。祭品丰盛，祭品洁净，祭扫按时举行，但仍然遭受旱灾水灾，那就改立土神谷神。”

第五章

【原文】

孟子曰：“贤者以其昭昭，使人昭昭；今以其昏昏，使人昭昭。”

【译文】

孟子说："贤人先使自己明白，然后才去使别人明白；今天的人则是自己都没有搞清楚，却想去使别人明白。"

第六章

【原文】

孟子谓高子[①]曰："山径之蹊[②]间，间介然[③]用之而成路；为间[④]不用，则茅塞之矣。今茅塞子之心矣。"

【注释】

①高子：齐国人，孟子的学生。

②径：山路。蹊：人行处。山径之蹊泛指很窄的山间小路。

③介然：本指意志专一而不旁骛，这里是经常不断的意思。

④为间：即“有间”，短时，为时不久。

【译文】

孟子对高子说：“山坡间的小径，经常有人行走便踏成了一条路；过一段时间没有人去走，又会被茅草堵塞了。现在茅草也把你的心堵塞了。”

第七章

【原文】

齐饥。陈臻曰："国人皆以夫子将复为发棠[①]，殆不可复。"

孟子曰："是为冯妇[②]也。晋人有冯妇者，善搏虎，卒为善士。则之野，有众逐虎。虎负嵎[③]，莫之敢撄[④]。望见冯妇，趋而迎之。冯妇攘臂下车。众皆悦之，其为士者笑之。"

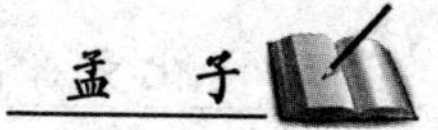

【注释】

①复为发棠：重新劝齐王打开棠地的粮仓赈济灾民。发，汗。棠，地名，在今山东即墨南。过去齐国灾荒时，孟子曾劝过齐王开棠地粮仓赈济灾民，所以有此说。

②冯妇：人名，姓冯。名妇。

③嵎：山势弯曲险阻处。

④撄：迫近。

【译文】

齐国遭饥荒，陈臻对孟子说："国内的人们都以为老师会再次劝齐王打开棠地的粮仓来赈济灾民，大概不可以再这样做了吧。"

孟子说："再这样做就成了冯妇了。晋国有个人叫冯妇的，善于打虎，后来成了善士，不再打虎了。有次他到野外去，看到有很多人正在追逐一只老虎。那老虎背靠着山势险阻的地方，没有人敢去接近它。大家远远望见冯妇来了，连忙跑过去迎接他。冯妇挽袖伸臂地走下车来，众人都很高兴，可士人们却讥笑他。"

第八章

【原文】

孟子曰："诸侯之宝三：土地、人民、政事。宝珠玉者，殃必及身。"

【译文】

孟子说："诸侯有三样宝：土地、人民和政事。如果错以珍珠美玉为宝，灾祸必定落到他身上。"

第九章

【原文】

盆成括[①]仕于齐，孟子曰：“死矣盆成括！”

盆成括见杀，门人问曰：“夫子何以知其将见杀？”

曰：“其为人也小有才，未闻君子之大道也，则足以杀其躯而已矣。”

【注释】

①盆成括：姓盆成，名括。

【译文】

盆成括在齐国做官，孟子说："盆成括离死不远了！"

盆成括果然被杀，学生问孟子说："老师怎么知道盆成括将被杀呢？"

孟子回答说："盆成括是个小聪明，但不懂得君子应该知道的大道理，这是足以招致杀身之祸的。"

第十章

【原文】

士未可以言而言，是以言餂[1]之也；可以言而不言，是以不言餂之也。是皆穿窬之类也。

【注释】

①餂：探取，获取。

【译文】

士人不该说话的时候说话，是用言语来套取人；该说话的时候不说话，是用沉默来套取人。都是钻洞爬墙的小偷行为。

第十一章

【原文】

孟子曰："言近而指远者，善言也；守约而施博者，善道也。君子之言也，不下带[①]而道存焉；君子之守，修其身而天下平。人病舍其田而芸人之田——所求于人者重，而所以自任者轻。"

【注释】

①带：束腰的带子。朱熹注："古人视不下于带，则带之上乃目前常见至近之处也。举目前之近事，而至理存焉。"所以，不下带指平常浅近的意思。

【译文】

孟子说："言语浅近而意义深远的，是善言；操守简约而施与广博的，是善道。君子的言语，讲的虽然是平常的事情，却蕴含着深刻的道理；君子的操守，从修养自身开始，然后才使天下太平。人们的毛病往往在于放弃自己的田地不耕种，却跑到别人的田里去除草——要求别人很多很严格，要求自己却很少很轻松。"

第十二章

【原文】

孟子曰：说[①]大人则藐之，勿视其巍巍然。堂高数仞，榱题[②]数尺，我得志，弗为也。食前方丈，侍妾数百人，我得志，弗为也。般乐饮酒，驱骋田猎，后车千乘，我得志，弗为也。在彼者，皆我所不为也；在我者，皆古之制也。吾何畏彼哉？”

【注释】

①说：向……进言。

②榱题：也叫“出檐”，指屋檐的前端。

【译文】

孟子说：“和位高显贵的人说话，要藐视他，不要把他的显赫地位和权势放在眼里。哪怕他殿堂高两三丈，屋檐好几尺宽，如果我得志，并不屑于这些；哪怕他佳肴满桌，侍奉的姬妾好几百，如果我得志，并不屑于这些；哪怕他饮酒作乐，驰骋打猎，随从车辆成百上千，如果我得志，并不屑于这些。他所拥有的，都是我不屑于有的；我所希望的，是古代的礼乐制度。我为什么要怕他呢？”

第十三章

【原文】

孟子曰："养心莫善于寡欲。其为人也寡欲，虽有不存焉者，寡矣；其为人也多欲，虽有存焉者，寡矣。"

【译文】

孟子说："修养心性的最好办法是减少欲望。一个人如果欲望很少，即便本性有所失去，那也是很少的；一个人如果欲望很多，即便本性还有所保留，那也是很少的了。"

第十四章

【原文】

万章问曰："孔子在陈曰[①]：'盍归乎来！吾党之小子狂简，进取，不忘其初。'孔子在陈，何思鲁之狂士？"

孟子曰："孔子'不得中道而与之，必也狂狷乎！狂者进取，狷者有所不为也'。孔子[②]岂不欲中道哉？不可必得，故思其次也。"

"敢问何如斯可谓狂矣？"

曰："如琴张[③]、曾皙、牧皮[④]者，孔子之所谓狂矣。"

"何以谓之狂也？"

曰："其志嘐嘐[⑤]然，曰：'古之人，古之人。'夷[⑥]考其行，而不掩焉者也。狂者又不可得，欲得不屑不絜之士而与之，是獧也，是又其次也。孔子曰：'过我门而不入我室，我不憾焉者，其惟乡原[⑦]乎！乡原，德之贼也[⑧]。'"

曰："何如斯可谓之乡原矣？"

曰："何以是嘐嘐也？言不顾行，行不顾言，则曰'古之人，古之人。行何为踽踽凉凉[9]？生斯世也，为斯世也，善斯可矣。'阉然[10]媚于世也者，是乡原也。"

万子曰："一乡皆称原人焉，无所往而不为原人，孔子以为德之贼，何哉？"

曰："非之无举也，刺之无刺也。同乎流俗，合乎污世，居之似忠信，行之似廉絜，众皆悦之，自以为是，而不可与入尧、舜之道，故曰'德之贼'也。孔子曰：'恶似而非者：恶莠[11]，恐其乱苗也；恶佞，恐其乱义也；恶利口，恐其乱信也；恶郑声，恐其乱乐也；恶紫，恐其乱朱也；恶乡原，恐其乱德也。'君子反经[12]而已矣。经正则庶民兴；庶民兴，斯无邪慝[13]矣。"

【注释】

①孔子在陈曰：见《论语·公冶长》，原文为："子在陈曰：'归与归与！吾党之小子狂简，斐然成章，不知所以裁之。'"与万章所引略有不同。

②孔子……：见《论语·子路》。原文和孟子这里所引一样。

③琴张：人名，不详。

④牧皮：人名，不详。

⑤嘐嘐：赵岐注："志大言大者也。"

⑥夷：平。或认为作语助词，无义。

⑦乡原：也作"乡愿"。愿，谨慎。乡原指外貌忠诚谨慎，实际上欺世盗名的人，也就是现代所谓"老好人""好好先生"。

⑧孔子曰：这段话在《论语·阳货》中只有"子曰：'乡原，德之贼也。'"

⑨踽踽：独行不进的样子。凉凉：淡薄，冷漠。

⑩阉：指阉人，即宦官。阉然指像宦官那样巴结逢迎的样子。

⑪恶莠：莠，草名，似稷而无实。

⑫反：同“返”、经：正常之道。

⑬慝：奸邪。

【译文】

万章问道：“孔子在陈国说：‘何不归去呢！我的那些学生们志大而狂放，进取而不忘本。’孔子在陈国、为什么思念鲁国的那些狂放之士呢？”

孟子说：“孔子‘得不到言行合于中庸之道的人相交，那就必然是和狂与狷这两种人相交吧！狂的人具有进取精神，狷的人有所不为。’孔子难道不想和言行合于中庸之道的人相交吗？不能够得到，所以只能求次一等的罢了。”

万章问：“请问什么样的人可以叫作狂放的人？”

孟子说：“如琴张、曾皙、牧皮这些人，就是孔子称为狂放的人。”

万章问："为什么说他们是狂放的人呢？"孟子说："他们志向很远大，言语很夸张，嘴巴总是说'古人呀！古人呀！'可是一考察他们的行为，却不和言语相合。这种狂放之人如果也得不到，那就和洁身自好的人相交往了，这些洁身自好的人就是孔子所说的狷者，是比狂者又次一等的人。孔子说：'从我家门口经过却不进到我的屋里来，而我并不遗憾的，那就只有好好先生了吧！好好先生是偷道德的贼。'"

万章问："什么样的人可以称为好好先生呢？"

孟子说："好好先生批评狂者说：'为什么这样志大言大呢？言语不能够和行为相照应，行为不能够和言语相照应，就只说古人呀！古人呀！'又批评狷者说：'为什么这样落落寡合呢？生在这个世界上，为这个世界做事，只要好就行了。'像宦官那样八面玲珑，四处讨好的人，就是好好先生。"

万章说："一乡的人都说他是老好人，他也到处都表现得像个老好人，孔子却认为他是偷道德的贼，这是为什么呢？"

孟子说："是啊，这种人，你要说他有什么不对，又举不出例证来；你要指责他却又好像无可指责。他只是同流合污，为人好像忠诚老实，行为好像清正廉洁，大家都很喜欢他，他自己也以为很不错，但实际上，他的所作所为却并不合于尧舜之道，所以说他是'偷道德的贼'。孔子说：'厌恶那些似是而非的东西：厌恶杂草，怕的是它搞乱禾苗；厌恶花言巧语，怕的是它搞乱正义；厌恶夸夸其谈，怕的是它搞乱信实；厌恶郑国的乐曲，怕的是它搞乱雅乐；厌恶紫色，怕的是它搞乱正宗的红色；厌恶好好先生，怕的是他搞乱道德。'君子的所作所为不过是为了让一切回到正道罢了。回到正道，老百姓就会振作起来；老百姓振作起来，也就没有邪恶了。"

第十五章

【原文】

孟子曰："由尧、舜至于汤，五百有馀岁，若禹、皋陶，则见而知之。若汤，则闻而知之。由汤至于文王，五百有馀岁，若伊尹、莱朱[1]，则见而知之；若文王，则闻而知之。由文王至于孔子，五百有馀岁，若太公望、散宜生[2]，则见而知之；若孔子，则闻而知之。由孔子而来至于今，百有馀岁，去圣人之世，若此其未远也。近圣人之居，若此其甚也，然而无有乎尔，则亦无有乎尔[3]！"

【注释】

①莱朱：汤的贤臣。

②散宜生；文王贤臣。

③然而无有乎尔，则亦无有乎尔：朱熹《集注》引林氏的解释认为：前半句“然而无有乎尔”指没有“见而知之”者；后半句“则亦无有乎尔”指五百余岁之后更不会人“闻而知之”者了。因此，是孟子对没有人继承孔子圣人学说的忧虑。

【译文】

孟子说：“从尧舜到汤，经历了五百多年，像禹、皋陶那样的人，是亲眼看见尧、舜之道而继承的；像汤，则是听说尧舜之道而继承的人。从商汤到周文王，又有五百多年，像伊尹、莱朱那样的人，是亲眼看见商汤之道而继承的；像文王，则是听说商汤之道而继承的。从周文王到孔子，又是五百多年，像太公望、散宜生那样的人，是亲眼看见文王之道而继承的；像孔子，则是听说文王之道而继承的。从孔子到现在，一百多年，离开圣人在世的年代这样的不远，距离圣人的家乡这样的近，但是却没有亲眼看见圣人之道而继承的人了，以后恐怕也没有听说圣人之道而继承的人了吧！”